„Meine Frau und ich lieben und leben WW – denn es verbindet Abnahme mit Genuss.“

WW Mitglied Marc verrät dir, welche Rezepte er aus diesem Buch am liebsten kocht. Mehr zu Marc und seiner erfolgreichen Abnehmreise erfahrt ihr auf Seite 6.

Brunch

MENÜ

Vorspeise
Linsencremesuppe mit
Granatapfelkernen

Hauptgang
Lammlachs mit
Frühlingsgemüse

Dessert
Schoko-Baiserkuchen

Inhalt

Rezeptinfos

 3

PersonalPoints™ Wert
pro Person / Glas / Stück

 3–8

PersonalPoints™ Range
pro Person / Glas / Stück

PersonalPoints™ tracken

Neu!
Scannen & tracken für alle WW Mitglieder

Wir haben jedem Rezept einen QR-Code für schnelles, nahtloses Tracking in der WW App hinzugefügt. Mehr Infos findest du auf der Umschlagseite.

Kochvideos ansehen

QR-Code scannen und Kochvideos entdecken.

 vegetarisch

 vegan

 glutenfrei

 laktosefrei

 nussfrei

Willkommen zum neuen
PersonalPoints™ Programm

Es ist dein Weg und du bestimmst die Richtung. Kein Plan gleicht dem anderen. Bei WW erhältst du einen personalisierten Plan, der dein Lieblingsessen, deine Ziele und deinen Stoffwechsel berücksichtigt. So kannst du abnehmen, ohne auf einen einzigen Genussmoment deines Lebens zu verzichten.

Ein Plan von dir für dich

Du sagst uns, was du gerne isst und wann und wie du dich am liebsten bewegst. Und wir erstellen dir einen individuellen Ernährungs- und Bewegungsplan.

Aktualisierte Punkteformel

Du wirst zu Lebensmitteln mit einem höheren Anteil an gesunden Fetten, Ballaststoffen sowie Eiweiß und einem geringeren Anteil an zugesetztem Zucker und gesättigten Fettsäuren geführt.

Bei diesem Programm kannst du dich satt essen

Kein Hungern – dank der ZeroPoint® Lebensmittel, die du nicht tracken musst, und der Möglichkeit, dein Budget aufzustocken.

Sina Peters, WW Expertin für Programm und Wissenschaft

„ZeroPoint Lebensmittel sind Lebensmittel, die du gern und häufig isst. Die Möglichkeit, das zu essen, was man liebt, ist einer der Gründe, warum dieses Programm so alltagstauglich ist!"

3 einfache Wege, dein Budget aufzustocken

Dein PersonalPoints Budget ist individuell auf deine Ziele abgestimmt und du entscheidest, für welche Lebensmittel du es einsetzt. Zum allerersten Mal bietet WW dir mit dem neuen Programm jetzt auch die Möglichkeit, weitere PersonalPoints in deinem Budget hinzuzufügen.

Iss Gemüse!
1 Handvoll Gemüse = 1 PersonalPoint für dein Tagesbudget (unbegrenzt). Gemüse enthält viele Ballaststoffe. Sie helfen dir dabei, länger satt zu bleiben.

Trinke Wasser!
1,75 l Wasser pro Tag = 1 PersonalPoint für dein Tagesbudget (max. 1 pro Tag). Je mehr Wasser du trinkst, desto weniger greifst du zu Saft oder Limonade.

Bleibe aktiv!
Mehr Bewegung = mehr PersonalPoints für dein wöchentliches Budget (unbegrenzt). Wie viele Punkte du verdienst, hängt von der Aktivität sowie von deinem Alter, deiner Größe, deinem Geschlecht und deinem Gewicht ab.

Im neuen PersonalPoints Programm erhält jeder eine individuelle Liste mit ZeroPoint Lebensmitteln, welche die ganz persönlichen Vorlieben berücksichtigt.

Daher kann der PersonalPoints Wert eines Rezeptes von Person zu Person variieren. Je nachdem, welche ZeroPoint Lebensmittel auf deiner Liste stehen, liegt dein PersonalPoints Wert innerhalb des ausgewiesenen Rahmens.

Minimaler PersonalPoints Wert ← **4–7** → Maximaler PersonalPoints Wert

Dein exakter PersonalPoints Wert wird dir in der WW App angezeigt, indem du den QR-Code auf der Rezeptseite scannst. So kannst du deine Mahlzeiten also auch direkt tracken!

Joghurt-Frühstücks-Gläser

Zubereitungszeit 10 Min.

3–7

222 kcal | 930 kJ

Die WW Gesunde Küche
Die WW Kochbücher sind für alle geeignet – egal, ob du WW Mitglied bist oder dich einfach ausgewogen ernähren und einen gesunden Lifestyle etablieren möchtest. Genau hierbei helfen dir unsere leckeren Rezepte, die ganz leicht nachzukochen sind.

Infos zum Scannen & Tracken der Rezepte erhältst du auf der Umschlaginnenseite.
Mehr zu unserem ganzheitlichen PersonalPoints Programm erfährst du unter ww.com.

„Lob für meine Kochkunst ist das größte Geschenk."

Die Anmeldung bei WW Digital war nicht meine erste. Vor 4 Jahren hatte ich mit WW schon einmal gut abgenommen: 20 Kilo*. Dann meldete ich mich wieder ab, weil ich dachte, dass ich die restlichen Kilos alleine schaffe. Von wegen! 10 Kilo nahm ich über die Jahre wieder zu. Meine Kleidung wurde enger, mein Bauch runder. Ich bin schon ein wenig gebückt gegangen, um ihn nicht allzu deutlich vor mir herzuschieben. Tatsächlich litt auch mein Selbstbewusstsein unter den Kilos.

WW MITGLIED MARC

QR-Code scannen und weitere motivierende Erfolgsgeschichten der WW Mitglieder entdecken.

Dann wurde ein Foto von mir mit freiem Oberkörper gemacht. Als ich das Bild sah, war das ein Schock. Also meldete ich mich erneut an. In der WW Community fand ich großartige Unterstützung: durch viele nette Leute, aber vor allem durch Sarah, in die ich mich Hals über Kopf verliebt habe und die meinen aktiven Lebensstil jetzt mit mir teilt. Gemeinsam lieben und leben wir WW – auch wenn wir Gäste haben.

Besonders schön ist es für uns, wenn man nach dem Essen ein Lob von den Gästen bekommt und erst daraufhin erzählt, dass es sich um WW Rezepte handelt. Da staunen die meisten doch sehr, da viele Genuss in Verbindung mit Abnehmen noch nicht kennen.

Ruck, zuck gesund ernähren

Als Servicetechniker für Windkrafträder bin ich viel von zu Hause weg und verpflege mich selbst. Nach einer 12-Stunden-Schicht muss es da schnell gehen. Man kommt spät in seine Wohnung und hat einen Bärenhunger. Früher gab es dann viele ungesunde Lebensmittel, vor allem Fertiggerichte. Ein Pudding als Nachtisch musste es natürlich auch noch sein.

Heute weiß ich, wie ich mir eine ausgewogene Mahlzeit zusammenstelle: mit Fisch oder Hähnchen und Gemüse. Und ein Rührei mit Garnelen ist auch ruck, zuck gemacht. Mit dem Punktesystem von WW isst man über kurz oder lang automatisch so, dass man abnimmt. Süßigkeiten esse ich nach wie vor fast jeden Tag – aber in Maßen. Natürlich gibt es auch Tage, an denen ich doch mal eine ganze Tafel Schokolade futtere und nicht nur eine Reihe. Am nächsten Tag geht es aber normal weiter.

Einen athletischen Körper zu haben, ist mir wichtig. Deshalb mache ich viel Sport. Durchs Laufen hat sich meine Kondition deutlich verbessert. Heute bin ich viel schneller als noch vor einem Jahr. Mein Körper kann sich auch sehen lassen – im doppelten Wortsinn. Er ist nicht nur gut definiert, sondern auch tätowiert. Tattoos waren schon immer mein großer Traum. Früher hätte sie aber niemand gesehen, da ich immer Kleidung trug, die meinen Körper vollständig bedeckte. Jetzt zeige ich sie gerne.

Einladung zum Essen – mit diesem Kochbuch immer gern!

Meine Arbeitskollegen sind voller Respekt. Das war nicht immer so: Anfangs haben sie WW durchaus belächelt. Mir war das allerdings egal. Hauptsache, es funktioniert. Als die Kollegen das auch sahen, haben sich einige auch bei WW angemeldet. Und spätestens, seit ich mit Sarah zum Erfolgsgeschichten-Shooting eingeladen wurde, finden alle WW einfach nur stark und wenn sie Glück haben, laden wir sie zum Essen ein. Was uns dabei besonders wichtig ist: „Zeit" mit den Gästen zu haben und nicht ständig in die Küche rennen zu müssen – und genau das ist super bei den Rezepten.

Meine absoluten Lieblingsrezepte:

→ **Granatapfel-Eistee** (S. 87)

→ **Tortellini-Steak-Topf** (S. 103)

→ **Zitronenbiskuit** (S. 134)

*Teilnehmer des WW Programms können mit einer Gewichtsabnahme von bis zu 1 kg pro Woche rechnen. Das gezeigte Mitglied hat mit einem Vorgängerprogramm abgenommen und macht weiter mit dem PersonalPoints™ Programm.

Do it yourself-
Tischdeko für Gäste

Bei einem guten Essen mit der Familie oder den Freunden – da darf die passende Deko natürlich nicht fehlen. Selbstgemacht ist sie persönlicher und oft so einfach & schnell gemacht. Recycling und Upcycling sind angesagt! Ob Platzkarten, Kräutertöpfe oder Kerzenhalter – wir haben ein paar farbenfrohe und kreative Ideen, wie du Alltagsgegenstände im Handumdrehen in eine tolle Tischdeko verwandeln kannst.

Namensschilder weisen deinen Gästen den Weg und heißen sie persönlich willkommen. Beschrifte zum Beispiel Wäscheklammern aus Holz mit den Namen deiner Gäste – in Kombination mit einer schönen Blume oder Blüte sieht der Platz direkt einladend aus.

So geht's auch: Beschrifte einen Anhänger mit Namen und befestige ihn an einer aufgepimpten Konserve, die mit Kordeln und Bändern verziert ist. Die Dosen können gleichzeitig als Besteckhalter oder als Kräutertopf dienen und so deinen Tisch verzieren.

Auf Pappanhängern kannst du kleine persönliche Botschaften notieren. Durch einen Motivstanzer – bei uns ein Herz – wirkt es direkt noch einladender!

Eine weitere Möglichkeit, deinen Gästen das Menü des Abends zu präsentieren: Schreibe die Gerichte auf ein Stück Papier und rahme es ein – schick und informativ! (S. 118).

Zwei in einem: Alte Glasflaschen eignen sich hervorragend als Vasen und lassen sich beispielsweise mit Eukalyptus und Wasser füllen. So werden sie zu einem tollen Hingucker auf deinem Esstisch. Noch besser: Du nutzt die Vase zusätzlich noch als Kerzenhalter.

Qui|ches

Eine Quiche ist eine
Spezialität der französischen
Küche, die ursprünglich aus
dem Raum Lothringen
stammt. Es handelt sich um
einen in einer runden,
flachen Form gebackenen
herzhaften Mürbeteig bzw.
einer würzigen Füllung aus
Auflage, die ein Gemisch aus
Eiern und Milch enthält.

Brunch Buffet

Joghurt-Frühstücks-Gläser

Zubereitungszeit 10 Min.

     222 kcal | 930 kJ

Für 6 Personen
4 Orangen
2 Bananen
1 kg Magermilchjoghurt
90 g kalorienreduzierte
Erdbeerkonfitüre
60 g Knuspermüsli

1 Orangen schälen und filetieren. Bananen schälen und in dünne Scheiben schneiden. Joghurt mit Konfitüre marmorieren und mit Orangen und Bananen abwechselnd in 6 To-Go-Gläser (Inhalt ca. 500 ml) schichten. Joghurt-Frühstücks-Gläser mit Knuspermüsli bestreuen, verschließen und transportieren oder sofort genießen.

Gefüllte Laugenschiffchen

Zubereitungszeit 15 Min.   Garzeit 15 Min.

     304 kcal | 1271 kJ

Für 4 Personen
4 Laugenstangen (TK)
100 g Champignons
1 kleine Fenchelknolle
50 g gekochter Schinken
50 g Camembert, 30 % Fett i. Tr.
Salz, Pfeffer

1 Laugenstangen auf ein mit Backpapier ausgelegtes Backblech legen und abgedeckt ca. 15 Minuten auftauen lassen.

2 Backofen auf 180° C (Gas: Stufe 2, Umluft: 160° C) vorheizen. Champignons trocken abreiben. Fenchel waschen, halbieren, Strunk entfernen, Fenchel mit Champignons, Schinken und Camembert sehr fein würfeln und mit Salz und Pfeffer würzen. Fenchelgrün hacken.

3 Laugenstangen jeweils zu ovalen Schiffchen formen, dabei einen kleinen Rand formen und mit Champignons, Fenchel, Schinken und Camembert füllen. Laugenstangen im Backofen auf mittlerer Schiene 12–15 Minuten backen, mit Fenchelgrün und Salz bestreuen und warm oder kalt genießen.

Marcs Tipp

TK-Laugenstangen kommen bei uns häufiger auf den Tisch, weil sie so vielseitig sind. Wir variieren immer die Füllung, zum Beispiel nehmen wir gern Tomatensauce, Paprika, Mais und geriebenen Käse – lecker!

Quiche-Quartett

Zubereitungszeit 20 Min.   Garzeit 30 Min.

5-6   153 kcal | 642 kJ

Für 12 Stück
1 Packung Quicheteig
(300 g, Kühltheke)
80 g Champignons
1 Frühlingszwiebel
1 Karotte
3 Stängel Petersilie
1/2 rote Paprika
1/2 TL Chiliflocken
25 g Baby-Blattspinat
6 Cocktailtomaten
3 Eier (Größe M)
2 EL fettarme Milch
Salz, Pfeffer
1 Msp. geriebene Muskatnuss
60 g geriebener Käse,
30 % Fett i. Tr.

1 Backofen auf 180° C (Gas: Stufe 2, Umluft: 160° C) vorheizen. Quicheteig entrollen, in 12 Stücke teilen und zu Kreisen formen. 12 Mulden eines Muffinblechs mit Teig auskleiden, dabei einen 2 cm hohen Rand formen und im Backofen auf mittlerer Schiene ca. 10 Minuten vorbacken.

2 Champignons trocken abreiben und in kleine Würfel schneiden. Frühlingszwiebel waschen, in Ringe schneiden und mit Champignons in 3 Muffinmulden füllen. Karotte schälen und in kleine Stücke schneiden. Petersilie waschen, trocken schütteln, grob hacken und mit Karotten in 3 Muffinmulden füllen. Paprika waschen, entkernen, in feine Streifen schneiden und mit Chiliflocken in 3 Muffinmulden füllen. Spinat waschen, trocken schleudern und grob hacken. Tomaten waschen, halbieren und mit Spinat in restliche 3 Muffinmulden füllen.

3 Für den Guss Eier mit Milch, Salz, Pfeffer und Muskatnuss verquirlen. Guss auf die Muffinmulden geben, mit Käse bestreuen und im Backofen auf mittlerer Schiene weitere 15–20 Minuten backen. Quiche-Quartett warm oder kalt servieren.

Werde Gastgeber

WW unterstützt dich dabei, deine ganz individuelle Homeparty zu organisieren. Mehr Info dazu findest du auf der Umschlagseite.

Salzige Pfannkuchen-Dippers

Zubereitungszeit 20 Min.   Garzeit 15 Min.

     85 kcal | 354 kJ

Für 14 Stück
4 Eier (Größe M)
70 g Mehl
1 TL Backpulver
80 ml fettarme Milch
3 TL Rapsöl
42 Salzstangen
1/2 Bund Schnittlauch
150 g Crème légère
Salz, Pfeffer

1 Eier schaumig schlagen. Mehl und Backpulver mischen, sieben und mit 60 ml Milch unter die Eier rühren. Öl in einer Pfanne portionsweise auf mittlerer Stufe erhitzen. Aus der Masse nacheinander 14 Pfannkuchen-Dippers braten, dabei je 2 EL Pfannkuchenteig lang und dünn in die Pfanne geben, mit je 3 Salzstangen belegen, mit 1 EL Teig abdecken und ca. 2 Minuten von jeder Seite braten.

2 Für den Schnittlauch-Dip Schnittlauch waschen, trocken schütteln und in Ringe schneiden. Crème légère mit restlicher Milch und Schnittlauch verrühren und mit Salz und Pfeffer abschmecken. Salzige Pfannkuchen-Dippers mit Schnittlauch-Dip sofort servieren.

Bananen-Oats mit Brombeeren

Zubereitungszeit 10 Min.   Garzeit 15 Min.

4-9   289 kcal | 1210 kJ

Für 6 Personen
3 reife Bananen
1 Liter entrahmte Milch
250 g kernige Haferflocken
2 EL brauner Zucker
2 TL Zimt
1 TL Vanilleextrakt
1 Msp. Salz
1 Msp. geriebene Muskatnuss
125 g Brombeeren

1 2 Bananen schälen und mit einer Gabel zerdrücken. Milch, Haferflocken, Bananenmus, 1 EL Zucker, 1 TL Zimt, Vanilleextrakt, Salz und Muskatnuss in einem Topf verrühren und auf niedriger bis mittlerer Stufe ca. 15 Minuten köcheln lassen.

2 Brombeeren waschen und trocken tupfen. Restliche Banane schälen und in Scheiben schneiden. Restlichen Zucker in einer Pfanne auf mittlerer Stufe schmelzen, Bananen dazugeben und 3–5 Minuten rundherum karamellisieren lassen.

3 Bananen-Oats auf 4 Schalen verteilen, mit karamellisierter Banane und Brombeeren belegen, mit restlichem Zimt bestäuben und servieren.

Make it vegan!
Verwende statt entrahmter Milch Haferdrink.

 **Jetzt Video zu Küchentipp entdecken:**
Haferdrink selber machen

Süß-würziger
Roastbeef-Wrap

Süß-würziger Roastbeef-Wrap

Zubereitungszeit 15 Min.

3-4 140 kcal | 584 kJ

Für 6 Stücke
1/2 süßlicher Apfel (z. B. Gala)
1 Karotte
1 Frühlingszwiebel
3 EL Salatcreme, bis 10 % Fett
1 TL Senf
2 TL Limettensaft
Salz, Pfeffer
1 Msp. Chiliflocken
50 g Avocadofruchtfleisch
50 g Rucola
3 kleine Tortillawraps
150 g Roastbeef

1 Apfel waschen, entkernen und in feine Stifte schneiden. Karotte schälen und grob raspeln. Frühlingszwiebel waschen und in Ringe schneiden. Salatcreme, Senf, Limettensaft, Salz, Pfeffer und Chiliflocken verrühren und mit Apfel, Karotte und Frühlingszwiebeln mischen.

2 Avocadofruchtfleisch in Spalten schneiden. Rucola waschen und trocken schleudern. Wraps mit Roastbeef belegen, Apfel-Karotten-Mischung, Avocado und Rucola darauf verteilen und Wraps aufrollen, dabei die Ränder einschlagen. Roastbeef-Wraps halbieren und servieren.

Alles verwerten

Den restlichen Apfel kannst du in Spalten dazu servieren.

Lecker und vielseitig

Die WW Protein Wraps lassen sich mit gesunden Zutaten füllen und machen richtig satt. Erhältlich im WW Studio oder unter wwshop.de.

French-Toast-Auflauf mit Obst

Zubereitungszeit 15 Min.   Garzeit 25 Min.

      249 kcal | 1043 kJ

5–8

Für 4 Personen
3 Aprikosen
3 große Scheiben Toast
250 g Himbeeren
180 ml fettarme Milch
3 Eier (Größe M)
1 Päckchen Vanillezucker
1 TL Zimt
2 EL gehackte Haselnüsse

1 Aprikosen waschen, halbieren, Steine entfernen und Aprikosen mit Toast in Würfel schneiden. Himbeeren waschen, trocken tupfen und mit Aprikosen und Toast in einer Auflaufform (ca. 20 x 30 cm) verteilen.

2 Backofen auf 180° C (Gas: Stufe 2, Umluft: 160° C) vorheizen. Milch mit Eiern, Vanillezucker und Zimt verquirlen und über die Toast-Obst-Mischung geben. Auflauf mit Haselnüssen bestreuen, im Backofen auf mittlerer Schiene ca. 25 Minuten backen und servieren.

Gut getoppt

Für mehr Frische kannst du den Auflauf mit gehackter Minze oder Zitronenmelisse garnieren.

Bagel mit Ei und gebackenen Karotten

Zubereitungszeit 15 Min.   Garzeit 20 Min.   Kühlzeit 30 Min.

6–8   277 kcal | 1161 kJ

Für 4 Stück
3 Eier (Größe M)
Salz, Pfeffer
2 Bagel
2 TL Sonnenblumenöl
400 g Karotten
2 EL dunkler Balsamicoessig
1 TL Honig
4 EL Kräuterfrischkäse,
bis 5 % Fett absolut
1 EL gehackter Thymian

1 Backofen auf 180° C (Gas: Stufe 2, Umluft: 160° C) vorheizen. Eier mit Salz und Pfeffer verquirlen. Bagel waagerecht halbieren. 1 TL Öl in einer großen ofenfesten Pfanne auf mittlerer Stufe erhitzen, 4 Kleckse Eimasse in die Pfanne geben und jeweils 1 Bagelhälfte mit der Schnittfläche nach unten auf das Rührei setzen. Bagelloch mit restlichem Ei auffüllen und im Backofen auf mittlerer Schiene ca. 10 Minuten backen. Bagel mit Ei auf einem Kuchengitter ca. 30 Minuten auskühlen lassen.

2 Karotten schälen, längs hobeln, halbieren und auf einem mit Backpapier ausgelegten Backblech verteilen. Für die Marinade restliches Öl mit Essig und Honig verrühren und mit Salz und Pfeffer würzen. Karotten mit Marinade bepinseln und im Backofen auf mittlerer Schiene ca. 10 Minuten garen. Bagel mit Frischkäse bestreichen, mit Karotten belegen und mit Thymian bestreuen. Enjoy!

Gebackene Waffeln mit Heidelbeeren

Zubereitungszeit 10 Min.   Garzeit 35 Min.   Kühlzeit 5 Min.

   248 kcal | 1038 kJ

Für 4 Stück
140 g zarte Haferflocken
1 1/2 TL Backpulver
1 Prise Salz
1 TL Zimt
3 kleine Bananen
180 ml fettarme Milch
100 g Heidelbeeren
100 g griechischer Joghurt,
Natur, bis 0,2 % Fett
2 TL Honig

1 Backofen auf 180° C (Gas: Stufe 2, Umluft: 160° C) vorheizen. Haferflocken, Backpulver, Salz und Zimt vermischen. Bananen schälen, mit einer Gabel zerdrücken, mit Milch verrühren und zur Haferflockenmischung geben.

2 Teig auf 4 Silikon-Waffelformen verteilen und glattstreichen. Waffeln im Backofen auf mittlerer Schiene ca. 35 Minuten backen, ca. 5 Minuten in der Form abkühlen lassen und auf einen Teller stürzen. Heidelbeeren waschen, trocken tupfen und mit Joghurt auf den Waffeln anrichten. Waffeln mit Honig beträufelt genießen.

Pancake-Bacon-Bites

Zubereitungszeit 25 Min.   Garzeit 20 Min.

     76 kcal | 318 kJ

Für 12 Stück
2 Scheiben Bacon (à 25 g)
3 Eier (Größe M)
1 Prise Salz
70 g Mehl
1 TL Backpulver
2 TL Rapsöl
1 kleine rote Paprika
1 Frühlingszwiebel
120 g Frischkäse,
bis 5 % Fett absolut

1 Eine Pfanne auf mittlerer Stufe erhitzen, Bacon darin ca. 3 Minuten von jeder Seite braten, herausnehmen, auskühlen lassen und fein hacken. Eier trennen, Eiklar steif schlagen und Eigelb mit Salz schaumig schlagen. Mehl und Backpulver mischen, sieben und abwechselnd mit Eiklar unter das Eigelb heben.

2 Öl im Bratensatz portionsweise erhitzen. Aus dem Teig darin nacheinander 24 kleine Pancakes backen, dabei ca. 2 Minuten von jeder Seite braten. Pancakes beiseitestellen und kurz abkühlen lassen.

3 Paprika waschen, entkernen und in sehr kleine Würfel schneiden. Frühlingszwiebel waschen, in Ringe schneiden und mit Paprika, Frischkäse und Bacon verrühren. 12 Pancakes mit Frischkäsecreme bestreichen, mit restlichen Pancakes abdecken und Pancake-Bacon-Bites servieren.

So klappt's auch

Für gleichmäßige Pancakes 12 Mulden einer Muffinform mit 1 TL Öl ausstreichen, die Hälfte des Teiges einfüllen und im Backofen 15–20 Minuten garen. Vorgang wiederholen.

Overnight Müsli

Zubereitungszeit 10 Min.   Kühlzeit 4 Std.

5–8   357 kcal | 1492 kJ

Für 1 Person

**1 EL getrocknete Gojibeeren
(alternativ Cranberries)
3 getrocknete Aprikosen
30 g Heidelbeeren
40 g zarte Haferflocken
80 ml ungesüßter Sojadrink
1/2 TL Zimt
10 g gehackte Pekannüsse**

1 Gojibeeren und Aprikosen fein hacken. Heidelbeeren waschen und trocken tupfen. Haferflocken, Gojibeeren, Aprikosen und Heidelbeeren abwechselnd in ein Glas (Inhalt 250 ml) schichten.

2 Sojadrink mit Zimt vermischen und über das Müsli geben. Mit Pekannüssen bestreuen, Einmachglas verschließen und ca. 4 Stunden oder über Nacht in den Kühlschrank stellen.

Für Eilige

Unser leckeres Chia und Raspberry Porridge ist schnell und einfach zubereitet, ballaststoffreich, sättigend und dabei auch noch lecker. Erhältlich im WW Studio oder unter wwshop.de.

Avocado-Fladen mit Thunfisch

Zubereitungszeit 20 Min.
Garzeit 10 Min.

6-8   333 kcal | 1394 kJ

Für 4 Stücke
200 g Vollkornmehl
1 TL Backpulver
Salz, Pfeffer
1 TL Halbfettmargarine
100 ml fettarme Milch
1 EL Sesam
120 g Avocadofruchtfleisch
80 g Frischkäse,
bis 5 % Fett absolut
1/2 TL Kreuzkümmel
1 Dose Thunfisch im eigenen Saft
(150 g Abtropfgewicht)
200 g Cocktailtomaten

1 190 g Mehl mit Backpulver, 1 TL Salz, Margarine und Milch zu einem glatten Teig verkneten. Arbeitsfläche mit restlichem Mehl bestäuben, Teig darauf zu einem Fladen (Ø 24 cm) ausrollen, mit Sesam bestreuen und festdrücken. Eine große Pfanne auf mittlerer Stufe erhitzen und Fladen darin fettfrei 3–5 Minuten von jeder Seite rösten.

2 Avocadofruchtfleisch mit einer Gabel zerdrücken, mit Frischkäse verrühren und mit Salz, Pfeffer und Kreuzkümmel würzen. Thunfisch abtropfen lassen. Tomaten waschen und in Scheiben schneiden. Fladen mit Avocadocreme bestreichen, mit Thunfisch und Tomaten belegen, vierteln und servieren.

 **Jetzt Video zu Küchentipp entdecken:**
Cocktailtomaten schneller halbieren

Kräuterbaguette mit Senfcreme

Zubereitungszeit 30 Min.   Garzeit 40 Min.   Gehzeit 60 Min.

5-6    234 kcal | 978 kJ

Für 6 Personen
1/2 Würfel Hefe
1/2 TL Zucker
400 ml lauwarmes Wasser
150 g Dinkelvollkornmehl
150 g Weizenmehl
Salz, Pfeffer
1 Knoblauchzehe
je 3 Zweige Thymian und Rosmarin
3 Stängel Oregano
150 g mehligkochende Kartoffeln
2 Eier (Größe M)
1 EL Senf
1 EL Weißweinessig

1 Hefe zerbröckeln und mit Zucker in 200 ml Wasser auflösen. Mehl in eine Schüssel geben, in die Mitte eine Vertiefung drücken und Hefemischung hineingießen. Mit etwas Mehl verrühren und Vorteig an einem warmen Ort zugedeckt ca. 15 Minuten gehen lassen. 1 TL Salz dazugeben, zu einem glatten Teig verkneten und weitere ca. 30 Minuten gehen lassen. Backofen auf 240° C (Gas: Stufe 5, Umluft: 220° C) vorheizen.

2 Knoblauch pressen. Kräuter waschen, trocken schütteln und fein hacken. Teig zu einem Rechteck (ca. 30 x 20 cm) ausrollen und Kräuter mit Knoblauch darauf verteilen. Teig von der langen Seite her aufrollen, zu einem Baguette formen und auf ein Baguetteblech legen. Baguette weitere ca. 15 Minuten gehen lassen und im Backofen auf mittlerer Schiene ca. 25 Minuten backen, dabei eine feuerfeste Schale mit restlichem Wasser in den Ofen stellen. Ofentemperatur auf 200° C (Gas: Stufe 3, Umluft: 180° C) reduzieren und Baguette weitere 10–15 Minuten fertig backen.

3 Für die Senfcreme Kartoffeln schälen, in Würfel schneiden, in Salzwasser ca. 20 Minuten garen, abgießen und ausdampfen lassen. Eier in kochendem Wasser 8–10 Minuten hart kochen, abschrecken, pellen und mit Kartoffeln, Senf und Essig fein pürieren. Senfcreme mit Salz und Pfeffer abschmecken und mit Kräuterbaguette servieren.

Rindfleisch-Kartoffel-Empanadas

Zubereitungszeit 30 Min.   Garzeit 45 Min.   Kühlzeit 30 Min.

4   147 kcal | 615 kJ

Für 12 Stück

350 g Rindersteak

1 Zwiebel

200 g festkochende Kartoffeln

1 Tomate

2 TL Rapsöl

2 Knoblauchzehen

1 TL Chilipulver

1 TL Kreuzkümmel

Salz, Pfeffer

3 EL gehackter Koriander

1 Packung Pizzateig

(400 g, Kühltheke)

1 Ei (Größe M)

1 Für die Füllung Rindersteak trocken tupfen und in Streifen schneiden. Zwiebel schälen und in Würfel schneiden. Kartoffeln schälen und würfeln. Tomate waschen, entkernen und in Stücke schneiden.

2 Öl in einer Pfanne auf mittlerer bis hoher Stufe erhitzen und Rindersteak mit Zwiebeln darin ca. 3 Minuten rundherum braten. Kartoffeln dazugeben und ca. 10 Minuten mitbraten. Knoblauch dazupressen, Tomaten zufügen und mit Chilipulver, Kreuzkümmel, Salz und Pfeffer würzen. Mischung auf niedriger Stufe mit Deckel ca. 5 Minuten braten. Füllung herausnehmen, mit Koriander vermischen und ca. 30 Minuten abkühlen lassen.

3 Backofen auf 180° C (Gas: Stufe 2, Umluft: 160° C) vorheizen. Pizzateig entrollen und 12 Kreise (Ø ca. 12 cm) ausstechen. Füllung in die Mitte der Teigfladen geben, zu halbrunden Taschen zusammenklappen und Ränder festdrücken. Empanadas auf ein mit Backpapier ausgelegtes Backblech legen. Ei verquirlen, Empanadas damit bestreichen und im Backofen auf mittlerer Schiene ca. 15 Minuten backen. Empanadas wenden, mit restlichem Ei bestreichen und weitere ca. 10 Minuten backen. Rindfleisch-Kartoffel-Empanadas genießen.

So schmeckt's auch

Du kannst die Empanadas auch in einem Air-Fryer zubereiten. Dazu passt eine leckere Salsa.

Ab nach draußen

Gefülltes Picknickbrot

Zubereitungszeit 30 Min.   Garzeit 30 Min.   Kühlzeit 15 Min.

8   306 kcal | 1279 kJ

Für 8 Personen
1 große Zucchini
1 große Aubergine
400 g Butternutkürbis
2 TL Rapsöl
Salz, Pfeffer
1 rote Paprika
1 kleines rundes Sauerteigbrot
(ca. 500 g)
100 g Pesto verde (Fertigprodukt)
3 EL gehacktes Basilikum
4 Scheiben Gouda, 30 % Fett i. Tr.
125 g Geflügelbrustaufschnitt

1 Zucchini und Aubergine waschen und längs in Scheiben schneiden. Kürbis schälen, halbieren, Kerne mit einem Löffel entfernen und Kürbis in dünne Scheiben schneiden. Öl in einer großen Pfanne auf mittlerer Stufe erhitzen, Gemüse darin nacheinander je 3–4 Minuten garen und mit Salz und Pfeffer würzen. Gemüse ca. 10 Minuten abkühlen lassen.

2 Backofen mit Grillfunktion auf 200° C (Gas: Stufe 3, Umluft: 180° C) vorheizen. Paprika waschen, entkernen, vierteln und im Backofen auf mittlerer Schiene mit der Haut nach oben ca. 5 Minuten grillen. Paprika ca. 5 Minuten abkühlen lassen und unter fließendem Wasser häuten.

3 Mit einem Brotmesser vorsichtig den Deckel vom Brotlaib abschneiden, das Brotinnere entfernen, dabei einen ca. 2 cm dicken Rand stehen lassen. Brot- und Deckelinnenseite mit Pesto bestreichen. Brotlaib mit einer Schicht Auberginenscheiben auslegen und Basilikum, Käse, Paprika, Zucchini, Geflügelbrustaufschnitt und Kürbis daraufschichten. Brotdeckel auflegen und beschweren, sodass die Füllung zusammengedrückt wird.

4 Gefülltes Picknickbrot auf ein mit Backpapier ausgelegtes Backblech legen und im Backofen auf mittlerer Schiene ohne Grillfunktion 12–15 Minuten backen. Brot in 8 Stücke schneiden, nach Wunsch abkühlen lassen und verpackt transportieren.

Profitipps

Das Picknickbrot lässt sich am Vorabend super vorbereiten: einfach über Nacht in den Kühlschrank stellen und am nächsten Tag Schritt 4 durchführen.

Aus dem Brotinneren kannst du Paniermehl herstellen.

Spinat-Cheddar-Frittata

Zubereitungszeit 10 Min.   Garzeit 15 Min.

2–4    117 kcal | 490 kJ

Für 8 Stücke
100 g Baby-Blattspinat
1 Frühlingszwiebel
6 Eier (Größe M)
Salz, Pfeffer
1 TL Rapsöl
80 g geriebener Cheddar,
50 % Fett i. Tr.

1 Spinat waschen, trocken schleudern und hacken. Frühlingszwiebel waschen und in Ringe schneiden. Eier mit Salz und Pfeffer verquirlen und mit Spinat und Frühlingszwiebeln vermischen. Backofen auf 200° C (Gas: Stufe 3, Umluft: 180° C) vorheizen.

2 Öl in einer großen ofenfesten Pfanne auf mittlerer Stufe erhitzen und Eimasse darin ca. 5 Minuten stocken lassen. Mit Käse bestreuen und im Backofen auf mittlerer Schiene 5–10 Minuten backen. Frittata in 8 Stücke schneiden und servieren.

Marcs Tipp

Einfach lecker, ob heiß oder kalt. Wer Punkte sparen möchte, verwendet light Reibekäse statt Cheddar. Wir bereiten die Frittata auch gern mit Geflügelbrustaufschnitt zu.

Falafel mit Tahinsauce, Reis und Salat

Zubereitungszeit 20 Min.   Garzeit 20 Min.

   344 kcal | 1439 kJ

Für 4 Personen
140 g trockener Langkornreis
Salz, Pfeffer
2 Knoblauchzehen
3 EL Magermilchjoghurt
1 EL Zitronensaft
2 EL Tahin (Sesampaste)
1 EL Wasser
1 TL Kreuzkümmel
1 Dose Kichererbsen
(265 g Abtropfgewicht)
1 Bund Petersilie
4 Frühlingszwiebeln
2 EL Mehl
1 TL Backpulver
1 rote Zwiebel
2 Tomaten
1/2 Salatgurke
1 EL Rapsöl

1   Reis nach Packungsanweisung in Salzwasser garen. Knoblauch pressen. Für die Tahinsauce Joghurt, Zitronensaft, Tahin, Wasser, die Hälfte des Knoblauchs, 1/2 TL Kreuzkümmel, Salz und Pfeffer verrühren und Sauce kalt stellen.

2   Kichererbsen abspülen und abtropfen lassen. Petersilie waschen, trocken schütteln und grob hacken. Frühlingszwiebeln waschen und in Stücke schneiden. Kichererbsen, 3/4 der Petersilie, Frühlingszwiebeln, Mehl, Backpulver, restlichen Knoblauch, restlichen Kreuzkümmel, Salz und Pfeffer pürieren. Aus der Masse mit feuchten Händen 8 Falafel formen.

3   Zwiebel schälen und fein würfeln. Tomaten und Gurke waschen, würfeln und mit Zwiebeln und restlicher Petersilie mischen. Öl in einer Pfanne auf mittlerer bis hoher Stufe erhitzen und Falafel darin 2–3 Minuten von jeder Seite braten. Falafel mit Tahinsauce, Reis und Salat servieren.

Curry-Dattel-Bällchen

Zubereitungszeit 20 Min. Garzeit 20 Min. Kühlzeit 30 Min.
Gehzeit 60 Min.

5   190 kcal | 795 kJ

Für 6 Personen
3 getrocknete Datteln
1/2 Würfel Hefe
1 Prise Zucker
100 ml warmes Wasser
200 g Mehl
1 TL Curry
Salz, Pfeffer
20 g Halbfettmargarine
50 g Schafskäse, 25 % Fett i. Tr.
200 g Magerquark
2 EL fettarme Milch
1 EL gehackter Koriander
1 Salatgurke

1 Datteln fein hacken. Hefe zerbröckeln und mit Zucker in Wasser auflösen. Hefemischung mit Mehl, Curry, Datteln, 1 TL Salz und Margarine zu einem glatten Teig verkneten und an einem warmen Ort zugedeckt ca. 30 Minuten gehen lassen. Curryteig zu 12 kleinen Bällchen formen, kreisförmig nebeneinander mit etwas Abstand auf ein mit Backpapier ausgelegtes Backblech legen und weitere ca. 30 Minuten gehen lassen.

2 Backofen auf 180° C (Gas: Stufe 2, Umluft: 160° C) vorheizen. Curry-Dattel-Bällchen im Backofen auf mittlerer Schiene ca. 20 Minuten backen und ca. 30 Minuten abkühlen lassen.

3 Für den Dip Schafskäse zerbröseln und mit Quark und Milch verrühren. Dip mit Koriander verfeinern und mit Salz und Pfeffer würzen. Gurke waschen und in Stifte schneiden. Curry-Dattel-Bällchen mit Schafskäse-Koriander-Dip und Gurkensticks verpacken und transportieren.

Chinakohl-Pastrami-Schiffchen

Zubereitungszeit 10 Min.

 6   189 kcal | 790 kJ

Für 2 Personen
6 Blätter Chinakohl
3 Scheiben Gouda,
30 % Fett i. Tr. (à 20 g)
1 kleine Schalotte
60 g Pastrami-Aufschnitt
1 TL Kümmel
3 EL Thousand Island Dressing

1   Chinakohl waschen und trocken schleudern. Käsescheiben halbieren. Schalotte schälen und fein würfeln. Chinakohl mit Käse, Schalotten und Pastrami belegen und mit Kümmel bestreuen. Schiffchen mit Dressing beträufeln und servieren.

Gut verpackt

Die Schiffchen halten sich im Kühlschrank bis zum nächsten Tag.

Cheeseburger-Bomben

Zubereitungszeit 40 Min.   Garzeit 30 Min.

    187 kcal | 783 kJ

Für 10 Stück
1 große Zwiebel
1 TL Rapsöl
250 g Tatar
Salz, Pfeffer
260 g Mehl
2 TL Backpulver
250 g griechischer Joghurt,
Natur, bis 0,2 % Fett
50 g Gewürzgurken
100 g geriebener Käse,
30 % Fett i. Tr.
2 EL Senf
4 EL kalorienreduzierter Ketchup
1 Ei (Größe M)
1 TL Sesam

1   Zwiebel schälen und würfeln. Öl in einer Pfanne auf mittlerer bis hoher Stufe erhitzen, Tatar mit Zwiebeln darin ca. 5 Minuten braten und mit Salz und Pfeffer würzen. Mehl mit Backpulver, 1 TL Salz und Joghurt verrühren und Teig ca. 5 Minuten ruhen lassen. Gewürzgurken würfeln.

2   Backofen auf 220° C (Gas: Stufe 4, Umluft: 200° C) vorheizen. Teig in 10 Stücke teilen, zu Kugeln formen und zu 10 Kreisen ausrollen. Käse, Tatar, Gewürzgurken, Senf und Ketchup in die Mitte der Teigkreise geben und Teig über der Füllung zu Kugeln verschließen. Cheeseburger-Bomben mit der Naht nach unten auf ein mit Backpapier ausgelegtes Backblech setzen.

3   Ei verquirlen, Teig damit bestreichen und mit Sesam bestreuen. Cheeseburger-Bomben im Backofen auf mittlerer Schiene 20–25 Minuten backen und servieren.

Linsensalat mit Minze und Ziegenkäse

Zubereitungszeit 10 Min.

187 kcal | 784 kJ

Für 4 Personen
**2 Dosen braune Linsen
(à 265 g Abtropfgewicht)
1 rote Zwiebel
1 Bund Minze
Salz, Pfeffer
150 g Ziegenfrischkäse,
45 % Fett i. Tr.**

1 Linsen abspülen und abtropfen lassen. Zwiebel schälen und fein würfeln. Minze waschen, trocken schütteln und hacken. Linsen, Zwiebeln und Minze vermischen und mit Salz und Pfeffer würzen. Ziegenfrischkäse über dem Salat verteilen und servieren.

Marcs Tipp

Dieser Salat lässt sich superschnell und einfach vorbereiten. Ich nehme gern fettreduzierten Schafskäse und spare so noch ein paar PersonalPoints™.

Mini-Salami-Pizzamuffins

Zubereitungszeit 15 Min.   Garzeit 15 Min.

                160 kcal | 670 kJ

Für 12 Stück
**1 Packung Pizzateig
(Frischprodukt, 450 g)
100 g Geflügelsalami
250 g passierte Tomaten
(Konserve)
Salz, Pfeffer
1 TL getrocknete italienische
Kräuter
120 g geriebener Mozzarella,
45 % Fett i. Tr.
1 TL Chiliflocken**

1 Backofen auf 220° C (Gas: Stufe 4, Umluft: 200° C) vorheizen. Teig entrollen, in 12 Stücke schneiden und 12 Mulden eines Muffinblechs damit auskleiden. Salami in Stücke schneiden. Für die Sauce Tomaten mit Salz, Pfeffer und Kräutern verrühren.

2 Sauce, Käse und Salami auf die Mulden verteilen und mit Chiliflocken bestreuen. Pizzamuffins im Backofen auf mittlerer Schiene ca. 15 Minuten backen und warm oder kalt genießen.

Würziger Räuchertofusalat mit Senfdressing

Zubereitungszeit 20 Min.   Garzeit 10 Min.

3–8   332 kcal | 1390 kJ

Für 4 Personen
2 Eier (Größe M)
400 g Räuchertofu
2 Römersalatherzen
200 g Cocktailtomaten
2 gelbe Paprika
40 g Gorgonzola, 50 % Fett i. Tr.
2 Schalotten
1 EL Olivenöl
3 EL Weißweinessig
1 EL Senf
Salz, Pfeffer

1 Eier in kochendem Wasser 8–10 Minuten hart kochen, abschrecken, pellen und hacken. Tofu in Würfel schneiden. Salat waschen, trocken schleudern und in Streifen schneiden. Tomaten waschen und halbieren. Paprika waschen, entkernen und würfeln. Gorgonzola zerbröseln.

2 Für das Dressing Schalotten schälen, fein würfeln und mit Öl, Essig, Senf, Salz und Pfeffer verrühren. Dressing auf 4 verschließbare Gläser (Inhalt ca. 500 ml) verteilen. Tofu, Salat, Tomaten, Gorgonzola, Paprika und Ei hineinschichten, verschließen und transportieren. Salat vor dem Servieren kräftig schütteln.

Griechische Salat-Pitas

Zubereitungszeit 10 Min.

8   277 kcal | 1159 kJ

Für 4 Personen
2 Tomaten
1/2 Salatgurke
2 Frühlingzwiebeln
2 EL gehackter Dill
2 TL Zitronensaft
Salz, Pfeffer
100 g Pflücksalatmischung
(Kühltheke)
4 Pita-Taschen (à 60 g)
4 EL Hummus (Fertigprodukt)
100 g Schafskäse, 25 % Fett i. Tr.

1 Tomaten und Gurke waschen und in Stücke schneiden. Frühlingszwiebeln waschen und in feine Ringe schneiden. Tomaten, Gurken, Frühlingzwiebeln, Dill und Zitronensaft vermischen und mit Salz und Pfeffer würzen. Salat waschen und trocken schleudern.

2 Pita-Taschen erwärmen, aufschneiden und Innenseiten mit Hummus bestreichen. Schafskäse zerbröseln und mit Salat und Tomaten-Gurken-Mischung in die Pita-Taschen füllen. Salat-Pitas sofort servieren.

Knuspergläschen mit Balsamicobeeren

Zubereitungszeit 15 Min.   Kühlzeit 15 Min.

5-6   175 kcal | 731 kJ

Für 4 Personen
60 g Zwieback
30 g Halbfettmargarine
100 g Magermilchjoghurt
250 g Magerquark
1 EL Zitronensaft
1 EL Zucker
125 g gemischte Beeren
(z. B. Himbeeren, Heidelbeeren,
Brombeeren)
2 TL Balsamicocreme
2 TL gehackte Minze

1 Zwieback in einen Gefrierbeutel geben und mit einem Nudelholz zerkleinern. Margarine in einem kleinen Topf auf mittlerer Stufe schmelzen und Zwiebackbrösel unterrühren. Masse in 4 Gläser (Inhalt ca. 150 ml) füllen, fest andrücken und ca. 10 Minuten kalt stellen.

2 Für die Creme Joghurt, Quark, Zitronensaft und Zucker verrühren. Creme auf den Zwiebackbröseln verteilen und weitere ca. 5 Minuten kalt stellen. Beeren waschen, trocken tupfen und mit Balsamicocreme und Minze verrühren. Quarkcreme mit Balsamicobeeren garnieren, Knuspergläschen gut verschließen und ab geht's nach draußen!

Fruchtige Sommerrollen

Zubereitungszeit 25 Min.

2-3   83 kcal | 349 kJ

Für 8 Stück
8 Blätter Reispapier (à 5 g)
150 g Mangofruchtfleisch
1 Kiwi
250 g Himbeeren
4 Stängel Minze
2 EL gesalzene Erdnüsse
1 Päckchen Vanillezucker
2 EL fettarmer Joghurt

1 Reispapier nach Packungsanweisung in Wasser einweichen. Mangofruchtfleisch in dünne Stifte schneiden. Kiwi schälen und in dünne Scheiben schneiden. Himbeeren waschen und trocken tupfen. Minze waschen, trocken schütteln und Blätter abzupfen.

2 Erdnüsse grob hacken, Reispapier mittig mit Mango, Kiwi und 60 g Himbeeren belegen. Obst mit Erdnüssen und der Hälfte der Minzblätter bestreuen, Reispapier aufrollen, dabei die Ränder einschlagen und bis zum Servieren kalt stellen.

3 Für den Dip restliche Himbeeren mit restlicher Minze und Vanillezucker fein pürieren und mit Joghurt marmorieren. Fruchtige Sommerrollen zwischen Backpapierstücke geben, mit Himbeerdip separat in eine Transportbox geben und transportieren oder sofort servieren.

Perfekt für unterwegs

Die WW Snack-Box hat verschiedene Trennelemente zum Herausnehmen – darin transportierst du deine Sommerrollen sicher zum Picknick. Erhältlich im WW Studio oder unter wwshop.de.

It's Tea Time

Apfel-Ahornsirup-Cupcakes

Zubereitungszeit 20 Min.   Garzeit 70 Min.   Kühlzeit 60 Min.

6–7   181 kcal | 759 kJ

Für 12 Stück

3 süßliche Äpfel (z. B. Gala)
1 EL kaltes Wasser
140 g Halbfettmargarine
140 ml Ahornsirup
1 TL Vanilleextrakt
2 Eier (Größe M)
200 g Mehl
1 TL Backpulver
1 1/2 TL Pumpkin Spice Gewürz
100 g Frischkäse,
bis 5 % Fett absolut
1 Msp. Zimt

1 2 Äpfel waschen, schälen, entkernen und fein würfeln. Äpfel mit Wasser in einer Pfanne auf mittlerer Stufe erhitzen und mit Deckel 8–10 Minuten köcheln lassen. Pfanne vom Herd nehmen und Äpfel mit einer Gabel zerdrücken.

2 Backofen auf 200° C (Gas: Stufe 3, Umluft: 180° C) vorheizen. 12 Mulden eines Muffinblechs mit Papiermanschetten auskleiden. 115 g Margarine mit 130 ml Ahornsirup und Vanilleextrakt verrühren und Eier nacheinander unterrühren. Mehl, Backpulver und 1 TL Pumpkin Pie Gewürz unterrühren und Äpfel unterheben. Teig in die Papiermanschetten füllen und im Backofen auf mittlerer Schiene ca. 20 Minuten backen.

3 Für das Frosting Frischkäse mit restlicher Margarine, restlichem Ahornsirup und restlichem Pumpkin Pie Gewürz verrühren und ca. 60 Minuten kalt stellen. Backofentemperatur auf 120° C (Gas: Stufe 1/2, Umluft 100° C) reduzieren. Restlichen Apfel waschen, entkernen und in feine Scheiben hobeln. Apfelscheiben nebeneinander auf einem mit Backpapier ausgelegten Backblech verteilen, mit Zimt bestäuben und im Backofen auf mittlerer Schiene 45–50 Minuten backen. Frosting auf den Muffins verstreichen, mit Apfelscheiben garnieren und servieren.

Brotpudding mit Erdbeeren und Birnen

Zubereitungszeit 15 Min.   Garzeit 45 Min.   Ziehzeit 10 Min. Kühlzeit 20 Min.

5–7   214 kcal | 895 kJ

Für 8 Stück
2 TL Halbfettmargarine
2 Dosen Birnen ohne Zucker
(à 230 g Abtropfgewicht)
250 g Erdbeeren
8 große Scheiben Toast
80 g kalorienreduzierte
Erdbeerkonfitüre
375 ml fettarme Milch
3 Eier (Größe M)
2 Eiklar (Größe M)
1 TL Vanilleextrakt
1 TL Puderzucker

1 8 Souffléförmchen (Inhalt ca. 250 ml) auf ein Backblech setzen und mit Margarine fetten. Birnen abtropfen lassen, trocken tupfen und in Spalten schneiden. Erdbeeren waschen, trocken tupfen und in dicke Scheiben schneiden.

2 Toasts mit Konfitüre bestreichen und jeweils in 4 Dreiecke schneiden. Toasts mit der Konfitürenseite nach oben überlappend in die Förmchen legen und Erdbeeren und Birnen daraufschichten.

3 Backofen auf 180° C (Gas: Stufe 2, Umluft: 160° C) vorheizen. Für den Guss Milch, Eier, Eiklar und Vanilleextrakt verrühren, über die Förmchen gießen und ca. 10 Minuten ziehen lassen. Brotpudding im Backofen auf mittlerer Schiene ca. 45 Minuten backen, ca. 20 Minuten abkühlen lassen, mit Puderzucker bestäuben und genießen.

Vegane Choco-Chip-Muffins

Zubereitungszeit 10 Min.   Garzeit 20 Min.

5   133 kcal | 555 kJ

Für 12 Stück

60 g vegane Zartbitter-Schokolade
230 g Mehl
1/2 Päckchen Backpulver
250 ml ungesüßter Mandeldrink
1 EL Rapsöl
1 Prise Salz
60 g brauner Zucker
1 TL Vanilleextrakt
2 TL Halbfettmargarine

1 Backofen auf 180° C (Gas: Stufe 2, Umluft: 160° C) vorheizen. Schokolade hacken. Mehl, Backpulver, Mandeldrink, Öl, Salz, Zucker, Vanilleextrakt und 40 g Schokolade zu einem glatten Teig verrühren.

2 12 Mulden eines Muffinblechs mit Margarine fetten, Teig darauf verteilen und mit restlicher Schokolade bestreuen. Muffins im Backofen auf mittlerer Schiene ca. 20 Minuten backen und servieren.

Werde Gastgeber

WW unterstützt dich dabei, deine ganz individuelle Homeparty zu organisieren. Mehr Info dazu findest du auf der Umschlagseite.

Windbeutel mit Himbeersahne

Zubereitungszeit 25 Min.   Garzeit 20 Min.   Kühlzeit 60 Min.

            81 kcal | 340 kJ

Für 16 Stück

180 ml entrahmte Milch
50 g Halbfettmargarine
1 Prise Salz
1 TL Zucker
100 g Mehl
3 Eier (Größe M)
125 g Himbeeren
80 g Schlagsahne, 30 % Fett
1 EL Puderzucker
80 g Magerquark

1 Backofen auf 200° C Ober-/Unterhitze (Gas und Umluft nicht empfehlenswert) vorheizen. Für den Brandteig Milch mit Margarine, Salz und Zucker in einem Topf auf mittlerer Stufe aufkochen. Mehl dazugeben und mit einem Holzlöffel so lange rühren, bis sich am Topfboden eine weiße Schicht bildet. Teig in eine Schüssel geben und ca. 5 Minuten abkühlen lassen. Eier mit einem Handrührgerät einzeln 1–2 Minuten unterrühren.

2 Teig in einen Spritzbeutel mit Sterntülle füllen und mit reichlich Abstand 16 Kreise (Ø 3-4 cm) auf ein mit Backpapier ausgelegtes Backblech spritzen, dabei mit kreisenden Bewegungen arbeiten. Windbeutel im Backofen auf mittlerer Schiene ca. 20 Minuten backen und mit geschlossener Ofentür ca. 60 Minuten abkühlen lassen.

3 Für die Himbeersahne Himbeeren waschen, trocken tupfen und 100 g pürieren. Sahne mit Puderzucker steif schlagen und mit Quark und Himbeeren verrühren. Windbeutel aufschneiden, untere Hälften mit Himbeersahne bestreichen und mit oberen Hälften abdecken. Windbeutel mit restlichen Himbeeren genießen.

Hübsch angerichtet

Windbeutel sehen besonders schön auf einer Etagere aus, garniert mit frischem Obst oder Minze.

Streuselriegel mit Birne und Kirschen

Zubereitungszeit 15 Min.   Garzeit 20 Min.   Kühlzeit 30 Min.

    168 kcal | 705 kJ

4–6

Für 12 Stück

2 Birnen
100 g Kirschen (frisch oder TK)
75 g Halbfettmargarine
75 g Honig
200 g zarte Haferflocken
50 g gemahlene Mandeln
1/2 TL Bittermandelaroma
25 g Mehl
15 g Mandelblättchen
1 EL brauner Zucker

1   Birnen vierteln, entkernen, schälen und in kleine Würfel schneiden. Kirschen gegebenenfalls auftauen lassen oder waschen und entsteinen. Eine Pfanne auf niedriger Stufe erhitzen, 50 g Margarine mit Honig darin ca. 5 Minuten erwärmen und mit Haferflocken, gemahlenen Mandeln, Bittermandelaroma, Birnen und Kirschen verrühren. Mischung in eine mit Backpapier ausgelegte Backform (ca. 15 x 20 cm) füllen.

2   Backofen auf 220° C (Gas: Stufe 4, Umluft: 200° C) vorheizen. Restliche Margarine mit Mehl, Mandelblättchen und Zucker zu Streuseln verkneten und auf dem Teig verteilen. Streusel leicht andrücken, im Backofen auf mittlerer Schiene 10–15 Minuten backen, ca. 30 Minuten abkühlen lassen und in 12 Riegel schneiden. Streuselriegel gut verpacken oder direkt genießen.

Zitronen-Baiser-Tartelettes

Zubereitungszeit 25 Min.   Garzeit 20 Min.   Kühlzeit 10 Min.

4   87 kcal | 364 kJ

Für 24 Stück
**200 g Mürbeteig
(Frischprodukt)
3 unbehandelte Zitronen
20 g Speisestärke
70 g Zucker
4 EL Wasser
30 g Halbfettmargarine
2 Eigelb (Größe M)
24 Mini-Baiser (à 5 g)**

1 Backofen auf 200° C (Gas: Stufe 3, Umluft: 180° C) vorheizen. Teig entrollen, 24 Kreise (Ø 6 cm) ausstechen und 24 Mulden eines Mini-Muffinblechs damit auskleiden. Tartelettes mehrfach mit einer Gabel einstechen und im Backofen auf mittlerer Schiene 15–20 Minuten backen.

2 1 EL Zitronenschale abreiben und Zitronen auspressen. Stärke, Zitronenschale, -saft, Zucker und Wasser in einem Topf auf mittlerer Stufe unter ständigem Rühren aufkochen und ca. 2 Minuten köcheln lassen. Masse vom Herd nehmen, Margarine und Eigelb einrühren und ca. 10 Minuten abkühlen lassen.

3 Tartelettes ca. 5 Minuten in der Form abkühlen lassen, herauslösen und weitere ca. 5 Minuten abkühlen lassen. Zitronenmasse in die Tartelettes füllen, mit Baiser garnieren und servieren.

Alles verwerten

Mit dem restlichen Mürbeteig aus der Packung kannst du zum Beispiel Kekse zubereiten.

Victoria-Biskuit-Törtchen

Zubereitungszeit 20 Min.   Garzeit 15 Min.   Kühlzeit 30 Min.

     64 kcal | 268 kJ

Für 24 Stück
150 g Halbfettmargarine
130 g Zucker
2 Eier (Größe M)
2 TL Vanillepaste
125 g Mehl
1 TL Backpulver
125 g Magerquark
3 TL Puderzucker
80 g kalorienreduzierte
Erdbeerkonfitüre

1 Backofen auf 180° C (Gas: Stufe 2, Umluft: 160° C) vorheizen. 24 Mulden eines Mini-Muffinblechs mit Papiermanschetten auskleiden. Margarine mit Zucker verrühren, Eier und 1 TL Vanillepaste dazugeben und unterrühren. Mehl und Backpulver vermischen und unter die Margarinemischung rühren.

2 Teig auf die Muffinmulden verteilen und im Backofen auf mittlerer Schiene ca. 15 Minuten backen. Törtchen ca. 10 Minuten abkühlen lassen, aus den Formen lösen und weitere ca. 20 Minuten abkühlen lassen.

3 Quark mit 2 TL Puderzucker und restlicher Vanillepaste verrühren. Törtchen aufschneiden, untere Hälften mit Vanillequark bestreichen und Konfitüre darauf verteilen. Obere Hälften aufsetzen und mit restlichem Puderzucker bestreuen. Victoria-Biskuit-Törtchen genießen.

Mini-Eclairs mit Schokolade und Heidelbeeren

Zubereitungszeit 25 Min.   Garzeit 20 Min.   Kühlzeit 65 Min.

2-3   79 kcal | 329 kJ

Für 12 Stück
90 ml Wasser
25 g Halbfettmargarine
1 Prise Salz
1 TL Zucker
60 g Mehl
2 Eier (Größe M)
80 g Heidelbeeren
100 g Magerquark
50 g weiße Schokolade
1 Blatt Gelatine
2 TL gehackte Pistazien

1 Backofen auf 200° C Ober-/Unterhitze (Gas und Umluft nicht empfehlenswert) vorheizen. Für den Brandteig Wasser mit Margarine, Salz und Zucker in einem Topf auf mittlerer Stufe aufkochen. Mehl dazugeben und mit einem Holzlöffel so lange rühren, bis sich am Topfboden eine weiße Schicht bildet. Teig in eine Schüssel geben und ca. 5 Minuten abkühlen lassen. Eier mit einem Handrührgerät einzeln 1–2 Minuten unterrühren.

2 Teig in einen Spritzbeutel mit Sterntülle füllen und mit reichlich Abstand 12 Streifen auf ein mit Backpapier ausgelegtes Backblech spritzen. Eclairs im Backofen auf mittlerer Schiene 15–20 Minuten backen und mit geschlossener Ofentür ca. 60 Minuten abkühlen lassen.

3 Heidelbeeren waschen, trocken tupfen und 60 g mit Quark pürieren. Schokolade in einem warmen Wasserbad schmelzen. Gelatine nach Packungsanweisung einweichen, ausdrücken und mit Quarkmischung verrühren. Eclairs aufschneiden, untere Hälften mit Heidelbeerquark bestreichen und mit oberen Hälften abdecken. Mini-Eclairs mit Schokolade bestreichen und mit Pistazien und restlichen Heidelbeeren garniert genießen.

Upside-Down-Orangenkuchen

Zubereitungszeit 20 Min.   Garzeit 55 Min.

   190 kcal | 796 kJ

Für 12 Stücke
3 unbehandelte Orangen
160 g Zucker
50 ml Wasser
160 g Halbfettmargarine
3 Eier (Größe M)
1 TL Vanilleextrakt
2 TL Backpulver
150 g Mehl

1 2 TL Orangenschale abreiben, 2 Orangen in dünne Scheiben schneiden und restliche Orange auspressen. 100 g Zucker und Wasser in einer Pfanne auf niedriger Stufe unter Rühren erwärmen, bis sich der Zucker aufgelöst hat. Orangenscheiben dazugeben und auf mittlerer bis hoher Stufe 10–15 Minuten köcheln lassen. Orangenscheiben herausnehmen, Orangensaft in die Pfanne geben und ca. 5 Minuten zu einem Sirup einkochen.

2 Backofen auf 180° C (Gas: Stufe 2, Umluft: 160° C) vorheizen. Restlichen Zucker mit Margarine schaumig schlagen und Eier nacheinander unterrühren. Orangenschale, Vanilleextrakt, Backpulver und Mehl zufügen und zu einem glatten Teig verrühren.

3 Orangenscheiben nebeneinander in eine mit Backpapier ausgelegte Auflaufformform (ca. 20 x 20 cm) legen, Teig daraufgeben und im Backofen auf mittlerer Schiene 30–35 Minuten backen. Kuchen stürzen, Backpapier entfernen, mit Sirup bestreichen und Upside-Down-Orangenkuchen in Stücke schneiden. Enjoy!

Marcs
Lieblingsrezept

Granatapfel-Eistee

Zubereitungszeit 10 Min.   Kühlzeit 2 Std.   Gefrierzeit 2 Std.

1-2    60 kcal | 253 kJ

Für 4 Personen
3 Stängel Minze
1 Granatapfel
2 TL brauner Zucker
1/2 unbehandelte Zitrone
2 TL trockener schwarzer Tee
1 Liter kochendes Wasser

1   Minze waschen, trocken schütteln und hacken. Minze auf 12 Eiswürfelformen verteilen, mit Wasser auffüllen und ca. 2 Stunden gefrieren lassen.

2   Granatapfel vierteln, Kerne herauslösen und mit Zucker zerstoßen. Zitronenhälfte in Scheiben schneiden. Tee mit Granatapfelkernen, Zitrone und Wasser aufbrühen und ca. 5 Minuten ziehen lassen. Granatapfeltee durch ein Sieb geben und ca. 2 Stunden kalt stellen.

3   Minzeiswürfel in eine Karaffe oder 4 Gläser füllen, mit Granatapfel-Eistee auffüllen und genießen.

Marcs Tipp

Wenn du noch Punkte übrig hast, kannst du den Eistee auf jeden Fall gut mit etwas Alkohol aufpimpen – in einer geselligen Runde schmeckt es noch besser.

Jetzt Video zu Küchentipp entdecken:
Granatapfelkerne einfach herauslösen

Ananas-Kokos-Drink mit Matcha

Zubereitungszeit 10 Min.   Gefrierzeit 60 Min.

3-4    101 kcal | 488 kJ

Für 4 Personen
1/4 Ananas (ca. 250 g)
60 g Schlagsahne, 30 % Fett
1/2 TL Matcha-Pulver
800 ml kaltes Kokosnusswasser

1 Ananas schälen, den Strunk entfernen, Ananas in kleine Stücke schneiden, in einen Gefrierbeutel geben und ca. 60 Minuten gefrieren lassen.

2 Sahne steif schlagen und Matcha-Pulver unterheben. Kokosnusswasser mit gefrorener Ananas in Gläser füllen, mit Matcha-Sahne garnieren und Ananas-Kokos-Drink servieren.

Let's Party

Ziegenkäse-Feigen-Pizza mit Radicchio

Zubereitungszeit 20 Min.   Garzeit 5 Min.

     346 kcal | 1447 kJ

9-11

Für 4 Personen

1 Kugel fettreduzierter Mozzarella
60 g Ziegenfrischkäse,
45 % Fett i. Tr.
8 Feigen
4 Naan-Brote (à 70 g)
1 Radicchio
1 EL dunkler Balsamicoessig
2 TL Olivenöl
1/2 TL Dijon-Senf
Salz, Pfeffer
2 EL gehacktes Basilikum

1   Backofen auf 240° C (Gas: Stufe 5, Umluft: 220° C) vorheizen. Mozzarella trocken tupfen, reiben und mit Ziegenfrischkäse verrühren. Feigen waschen und vierteln. Naan-Brote auf ein mit Backpapier ausgelegtes Backblech legen, Käsecreme darauf verstreichen und mit Feigen belegen. Pizza im Backofen auf mittlerer Schiene ca. 5 Minuten backen.

2   Radicchio waschen, trocken schleudern und in Streifen schneiden. Für das Dressing Essig, Öl und Senf verrühren und mit Salz und Pfeffer abschmecken. Radicchio mit Dressing vermengen, auf den Pizzen verteilen und mit Basilikum bestreuen. Ziegenkäse-Feigen-Pizza servieren.

Schafskäse-Tomaten-Pasta

Zubereitungszeit 10 Min.   Garzeit 20 Min.

      335 kcal | 1403 kJ

Für 4 Personen

1 Zucchini
500 g bunte Cocktailtomaten
4 Zweige Rosmarin
150 g Schafskäse, 25 % Fett i. Tr.
2 EL dunkler Balsamicoessig
1 EL Olivenöl
Salz, Pfeffer
220 g trockene Penne

1 Backofen auf 180° C (Gas: Stufe 2, Umluft: 160° C) vorheizen. Zucchini waschen, längs halbieren und in Scheiben schneiden. Tomaten waschen. Rosmarin waschen, trocken schütteln und die Hälfte fein hacken.

2 Schafskäse mittig in eine Auflaufform (ca. 20 x 30 cm) legen, Tomaten und Zucchini drumherum verteilen und mit Rosmarinzweigen belegen. Mit Essig und Öl beträufeln, mit Salz und Pfeffer würzen und im Backofen auf mittlerer Schiene 15–20 Minuten backen.

3 Nudeln nach Packungsanweisung in Salzwasser garen und abgießen. Rosmarinzweige entfernen. Schafskäse und Tomaten mit einer Gabel leicht zerdrücken, mit gehacktem Rosmarin verfeinern, mit Salz und Pfeffer würzen und mit Nudeln mischen. Schafskäse-Tomaten-Pasta servieren.

WW Spaghetti aus Linsen

Die Nudeln sind glutenfrei und voller Proteine. Erhältlich im WW Studio oder unter wwshop.de.

Hähnchen und Frühlingsgemüse vom Blech

Zubereitungszeit 15 Min.   Garzeit 60 Min.

2-6   326 kcal | 1365 kJ

Für 4 Personen
600 g festkochende Kartoffeln
5 Frühlingszwiebeln
500 g grüner Spargel
1 Bund Radieschen
3 Knoblauchzehen
4 Hähnchenbrustfilets (à 120 g)
1 Zitrone
1 EL gehackter Estragon
1 EL Olivenöl
Salz, Pfeffer
150 g fettarmer Joghurt
1 TL Dijon-Senf

1 Kartoffeln und Frühlingszwiebeln waschen und halbieren. Spargel waschen und das untere Drittel schälen. Radieschen waschen und halbieren. Knoblauch andrücken. Hähnchenbrustfilets trocken tupfen. Zitrone auspressen.

2 Backofen auf 180° C (Gas: Stufe 2, Umluft: 160° C) vorheizen. Kartoffeln, Spargel, Radieschen, Frühlingszwiebeln und Knoblauch mit 1/2 EL Estragon, Öl und der Hälfte des Zitronensaftes auf einem tiefen Backblech vermischen. Hähnchen darauflegen und mit Salz und Pfeffer würzen. Blech mit Alufolie abdecken und im Backofen auf mittlerer Schiene ca. 30 Minuten backen.

3 Alufolie entfernen und weitere ca. 30 Minuten backen. Für den Dip Joghurt mit Senf und restlichem Zitronensaft verrühren und mit Salz und Pfeffer abschmecken. Hähnchen und Frühlingsgemüse mit restlichem Estragon bestreuen und mit Dip servieren.

Türkische Hackbällchenspieße mit Joghurt

Zubereitungszeit 20 Min.   Garzeit 10 Min.

      336 kcal | 1404 kJ

Für 4 Personen
4 Stängel Minze
250 g griechischer Joghurt,
Natur, bis 0,2 % Fett
1 EL Granatapfelsirup
Salz, Pfeffer
120 g Schafskäse, 25 % Fett i. Tr.
2 rote Zwiebeln
2 Knoblauchzehen
600 g Tatar
2 TL Kreuzkümmel
1/2 TL Cayennepfeffer
1 Salatgurke
4 TL Rapsöl
1 EL Weißweinessig
1 EL gehackter Dill

1 Minze waschen, trocken schütteln und fein hacken. Joghurt mit Minze und Granatapfelsirup verrühren und mit Salz und Pfeffer abschmecken.

2 Schafskäse zerbröseln. 1 Zwiebel schälen und fein würfeln. Knoblauch pressen. Tatar mit Schafskäse, Zwiebeln und Knoblauch vermischen und mit Salz, Pfeffer, Kreuzkümmel und Cayennepfeffer würzen. Aus der Masse mit feuchten Händen 24 kleine Bällchen formen und auf 8 Spieße stecken.

3 Für den Salat restliche Zwiebel schälen und in feine Streifen schneiden. Gurke waschen und in dünne Scheiben hobeln. Gurke mit Zwiebeln, 2 TL Öl, Essig und Dill vermischen.

4 Restliches Öl in einer Pfanne auf mittlerer bis hoher Stufe erhitzen und Spieße darin 10–12 Minuten rundherum braten. Türkische Hackbällchenspieße mit Joghurt und Salat servieren.

Asiatische Ofensüßkartoffeln mit Garnelen

Zubereitungszeit 20 Min.   Garzeit 30 Min.

2–6   278 kcal | 1162 kJ

Für 4 Personen
400 g Süßkartoffeln
1 Broccoli
200 g Zuckererbsenschoten
1 Stange Lauch
1 Knoblauchzehe
1 Stück Ingwer (ca. 2 cm)
3 EL Sojasauce
3 TL Sesamöl
1 TL Honig
1/2 TL Chiliflocken
250 g küchenfertige Garnelen
Salz, Pfeffer
1 EL Sesam

1 Backofen auf 180° C (Gas: Stufe 2, Umluft: 160° C) vorheizen. Süßkartoffeln schälen und in grobe Würfel schneiden. Broccoli waschen und in Röschen teilen. Zuckererbsenschoten waschen und halbieren. Lauch waschen und in breite Ringe schneiden. Süßkartoffeln und Gemüse auf einem mit Backpapier ausgelegten Backblech verteilen.

2 Für die Glasur Knoblauch pressen, Ingwer schälen und sehr fein hacken. Sojasauce, 2 TL Öl, Honig, Chiliflocken, Knoblauch und Ingwer verrühren, Süßkartoffel-Gemüse-Mischung damit glasieren und im Backofen auf mittlerer Schiene ca. 15 Minuten backen.

3 Garnelen abspülen, trocken tupfen, mit restlichem Öl mischen, mit Salz und Pfeffer würzen, auf die Süßkartoffel-Gemüse-Mischung geben und weitere ca. 12 Minuten backen, dabei nach der Hälfte der Garzeit Garnelen wenden. Ofensüßkartoffeln mit Sesam bestreuen, ca. 3 Minuten mitbacken und servieren.

Marcs
Lieblingsrezept

Tortellini-Steak-Topf

Zubereitungszeit 15 Min.
Garzeit 15 Min.

         361 kcal | 1510 kJ

Für 4 Personen
400 g kleine Champignons
250 g Blattspinat
6 getrocknete Tomaten ohne Öl
250 g Rindersteak
2 TL Rapsöl
400 g Tortellini (Kühlregal,
z. B. mit Spinat-Ricotta-Füllung)
120 ml fettarme Milch
150 ml Gemüsebrühe
(1/2 TL Instantpulver)
30 g geriebener Parmesan
Salz, Pfeffer

1   Champignons trocken abreiben und halbieren. Spinat waschen und trocken schleudern. Tomaten hacken. Steak trocken tupfen und in Würfel schneiden. Öl in einem Topf auf hoher Stufe erhitzen und Steak darin ca. 3 Minuten rundherum anbraten.

2 Champignons dazugeben und ca. 3 Minuten mitbraten. Spinat und Tomaten dazugeben und weitere ca. 3 Minuten braten. Tortellini zufügen, mit Milch und Brühe ablöschen und auf niedriger Stufe mit Deckel ca. 5 Minuten köcheln lassen.

3 Parmesan unterrühren, Tortellini-Steak-Topf mit Salz und Pfeffer abschmecken und servieren.

Marcs Tipp

Das Rezept hat uns richtig gut gefallen. Je nach Füllung der Tortellini und Saison, kann man auch sehr gut das Gemüse dazu variieren. Das werden wir zukünftig mal ausprobieren.

Griechische Spanakopita mit grünem Gemüse

Zubereitungszeit 20 Min. Garzeit 50 Min.

6–8   293 kcal | 1227 kJ

Für 4 Personen
2 kleine Stangen Lauch
200 g grüner Spargel
1 TL Rapsöl
2 Knoblauchzehen
250 g Baby-Blattspinat
150 g Erbsen (TK)
2 Stängel Dill
2 Stängel Minze
100 g Schafskäse, 25 % Fett i. Tr.
2 Eier (Größe M)
Salz, Pfeffer
2 TL Halbfettmargarine
7 Blätter Filoteig
(Frischprodukt, à 25 g)

1 Lauch waschen und in Ringe schneiden. Spargel waschen, das untere Drittel schälen und Spargel in Stücke schneiden. Öl in einer Pfanne auf mittlerer Stufe erhitzen und Spargel mit Lauch darin ca. 7 Minuten rundherum braten. Knoblauch dazupressen und ca. 1 Minute mitbraten.

2 Spinat und Erbsen mit kochendem Wasser übergießen und ca. 2 Minuten ziehen lassen. Spinat und Erbsen abgießen und abtropfen lassen. Dill und Minze waschen, trocken schütteln und fein hacken. Schafskäse zerbröseln. Eier verquirlen, mit Spargel, Lauch, Spinat, Erbsen, Schafskäse, Dill und Minze vermischen und mit Salz und Pfeffer würzen.

3 Backofen auf 200° C (Gas: Stufe 3, Umluft: 180° C) vorheizen. Eine Springform (Ø 20 cm) mit Margarine fetten und Boden und Rand mit 5 Filoteigblättern überlappend auskleiden. Gemüse-Ei-Mischung daraufgeben, restliche Filoteigblätter in Stücke zerteilen und auf der Füllung verteilen. Spanakopita im Backofen auf mittlerer Schiene 35–40 Minuten backen, in 4 Stücke schneiden und servieren.

Küchentipp

Wird die Spanakopita zu dunkel, decke sie einfach mit Alufolie ab und gare sie weiter.

Hähnchen-Shawarma mit Fattoush-Salat

Zubereitungszeit 20 Min.   Garzeit 15 Min.   Marinierzeit 15 Min.

3-6   305 kcal | 1278 kJ

Für 4 Personen

2 unbehandelte Zitronen
1 TL gemahlener Kümmel
1 TL gemahlener Koriander
1 TL Paprikapulver
1 TL Fenchelsamen
1 TL getrockneter Oregano
1/4 TL Zimt
2 TL Olivenöl
Salz, Pfeffer
4 Hähnchenbrustfilets (à 120 g)
1 Salatgurke
400 g Tomaten
1 Bund Radieschen
200 g Wassermelonenfrucht-fleisch
1/2 Bund Petersilie
1 Bund Dill
2 Pitabrote (à 60 g)

1   Zitronenschale abreiben und Zitronen auspressen. Für die Marinade Kümmel, Koriander, Paprikapulver, Fenchelsamen, Oregano, Zimt, die Hälfte der Zitronenschale, die Hälfte des Zitronensafts, 1 TL Öl, Salz und Pfeffer verrühren. Hähnchen-brustfilet trocken tupfen, mit Marinade in einen Gefrierbeu-tel geben, gut verkneten und im Kühlschrank ca. 15 Minuten marinieren.

2   Gurke waschen, längs halbieren, Kerne mit einem Löffel entfernen und Gurke in Scheiben schneiden. Tomaten wa-schen und würfeln. Radieschen waschen und in Scheiben schneiden. Melone würfeln. Petersilie und Dill waschen, trocken schütteln und hacken. Für den Salat Gurken, To-maten, Radieschen, Melone, Petersilie und Dill vermischen. Für das Dressing restliches Öl mit restlicher Zitronenschale, restlichem Zitronensaft, Salz und Pfeffer verrühren und mit Salatzutaten vermischen.

3   Eine Pfanne auf mittlerer Stufe erhitzen und Hähnchen darin 6–8 Minuten von jeder Seite braten. Pitas rösten, in mundgerechte Stücke zerteilen und unter den Salat mi-schen. Hähnchen-Shawarma mit Fattoush-Salat servieren.

Pfannenpizza mit Mais

Zubereitungszeit 20 Min.   Garzeit 15 Min.   Kühlzeit 20 Min.

8   301 kcal | 1258 kJ

Für 4 Stücke

100 g Magerquark
50 ml fettarme Milch
1 EL Rapsöl
Salz, Pfeffer
180 g Mehl
1 TL Backpulver
60 g passierte Tomaten
(Konserve)
1 TL Tomatenmark
1 TL getrockneter Oregano
60 g Mais (Konserve)
1 kleine grüne Paprika
10 entsteinte schwarze Oliven
in Lake
60 g geriebener Käse,
30 % Fett i. Tr.

1   Quark mit Milch, Öl und 1 TL Salz verrühren. Mehl und Backpulver dazugeben und zu einem glatten Teig verkneten. Teig in Frischhaltefolie wickeln und ca. 20 Minuten kalt stellen.

2   Für die Sauce Tomaten mit Tomatenmark und Oregano verrühren und mit Salz und Pfeffer würzen. Mais abgießen. Paprika waschen, entkernen und würfeln. Oliven halbieren.

3   Teig zwischen Backpapier rund (Ø 28 cm) ausrollen. Eine große Pfanne auf niedriger bis mittlerer Stufe erhitzen, Teig hineingeben, mit Sauce bestreichen, mit Paprika, Oliven und Mais belegen und mit Käse bestreuen. Pizza mit Deckel 12–15 Minuten backen. Pfannenpizza in Stücke schneiden und genießen.

Werde Gastgeber!

WW unterstützt dich dabei, deine ganz individuelle Homeparty zu organisieren. Mehr Info dazu findest du auf der Umschlagseite.

Sweet Chili Fish & Chips vom Blech

Zubereitungszeit 10 Min.   Garzeit 30 Min.

3–10   372 kcal | 1554 kJ

Für 4 Personen
600 g Süßkartoffeln
1 EL Rapsöl
Salz, Pfeffer
1 EL Sesam
1 unbehandelte Limette
70 ml süße Asia-Chilisauce
300 g Stangenbroccoli
(ersatzweise Broccoli)
4 Pangasiusfilets (à 125 g)
1 Frühlingzwiebel
2 EL gehackter Koriander

1 Backofen auf 200° C (Gas: Stufe 3, Umluft: 180° C) vorheizen. Süßkartoffeln waschen, in Spalten schneiden und auf einem mit Backpapier ausgelegten Backblech mit Öl, Salz, Pfeffer und Sesam vermischen. Süßkartoffeln im Backofen auf mittlerer Schiene ca. 20 Minuten backen und wenden.

2 Für die Marinade Limettenschale abreiben und Limette auspressen. Limettensaft und -schale mit Asia-Chilisauce, Salz und Pfeffer verrühren. Broccoli waschen und in Salzwasser ca. 5 Minuten blanchieren.

3 Pangasiusfilets abspülen, trocken tupfen und mit Broccoli zu den Süßkartoffeln geben. Fisch mit Marinade bestreichen, Broccoli mit Salz und Pfeffer würzen und im Backofen auf mittlerer Schiene ca. 10 Minuten mitbacken. Frühlingzwiebel waschen und schräg in feine Ringe schneiden. Sweet Chili Fish & Chips mit Frühlingszwiebeln und Koriander bestreuen. Guten Appetit!

Gemüse-Bohnen-Eintopf

Zubereitungszeit 20 Min.   Garzeit 30 Min.

2-4   191 kcal | 798 kJ

Für 6 Personen
400 g festkochende Kartoffeln
3 Karotten
1 Zwiebel
2 Knoblauchzehen
250 g braune Champignons
1 rote Paprika
200 ml Gemüsebrühe
(1 TL Instantpulver)
400 g stückige Tomaten
(Konserve)
1 TL getrockneter Oregano
1 TL Fenchelsamen
Salz, Pfeffer
1 Dose Kidneybohnen
(265 g Abtropfgewicht)
250 g grüne Bohnen (TK)
3 EL gehackte Petersilie
60 g geriebener Pecorino

1 Kartoffeln waschen und würfeln. Karotten schälen und schräg in Scheiben schneiden. Zwiebel schälen und würfeln. Knoblauch hacken. Champignons trocken abreiben und vierteln. Paprika waschen, entkernen und in Stücke schneiden.

2 Gemüse, Kartoffeln und Knoblauch in einen Topf geben, Brühe und Tomaten angießen und auf hoher Stufe aufkochen. Gemüse mit Oregano verfeinern, mit Fenchelsamen, Salz und Pfeffer würzen und auf mittlerer Stufe ca. 15 Minuten garen. Kidneybohnen abspülen und abtropfen lassen. Grüne Bohnen und Kidneybohnen zugeben und weitere ca. 15 Minuten garen.

3 Gemüse-Bohnen-Eintopf mit Salz und Pfeffer abschmecken, auf 6 Schüsseln verteilen, mit Petersilie und Pecorino bestreuen und servieren.

One Pan Chicken Wraps

Zubereitungszeit 20 Min.   Garzeit 20 Min.

     239 kcal | 998 kJ

Für 6 Personen

je 1 rote und gelbe Paprika
1 rote Zwiebel
1 unbehandelte Limette
200 g Hähnchenbrustfilet
1 EL Rapsöl
Salz, Pfeffer
1 TL Paprikapulver
je 1/2 TL Kreuzkümmel und
Cayennepfeffer
2 EL gehackter Oregano
6 kleine Tortillawraps
120 g Crème légère

1 Paprika waschen, entkernen und in Streifen schneiden. Zwiebel schälen und in Spalten schneiden. Limette vierteln. Hähnchen trocken tupfen und in dünne Streifen schneiden. Paprika, Zwiebeln, Limetten und Hähnchen mit Öl mischen, mit Salz, Pfeffer, Paprikapulver, Kreuzkümmel und Cayennepfeffer würzen und mit 1 EL Oregano verfeinern.

2 Eine große Pfanne auf mittlerer bis hoher Stufe erhitzen und Gemüse-Hähnchen-Mischung darin ca. 10 Minuten rundherum braten. Limettenviertel entfernen, Tortillawraps mit Gemüse-Hähnchen-Mischung belegen und aufrollen.

3 Chicken Wraps nacheinander im Bratensatz ca. 3 Minuten rundherum braten. Für den Dip Crème légère mit Salz, Pfeffer und restlichem Oregano verrühren und mit Chicken Wraps servieren.

Kabeljau auf Curry-Zucchini-Pasta

Zubereitungszeit 15 Min.   Garzeit 15 Min.

9–10   366 kcal | 1530 kJ

Für 4 Personen
120 ml fettreduzierte Kokosmilch
750 ml Wasser
1 TL Curry
Salz, Pfeffer
200 g trockene Bandnudeln
1 Zwiebel
1 Knoblauchzehe
2 Zucchini
1 EL Pinienkerne
2 TL Rapsöl
4 Kabeljaufilets (à 125 g)
2 EL Zitronensaft

1 50 ml Kokosmilch, Wasser, Curry und 1 TL Salz in einem Topf auf hoher Stufe aufkochen und Nudeln darin nach Packungsanweisung garen. Zwiebel schälen und fein würfeln. Knoblauch pressen. Zucchini waschen und in grobe Würfel schneiden.

2 Pinienkerne fettfrei in einer Pfanne auf mittlerer Stufe 2–3 Minuten rösten und herausnehmen. Öl im Bratensatz erhitzen, Zwiebeln, Knoblauch und Zucchini darin ca. 5 Minuten rundherum braten und mit Salz und Pfeffer würzen.

3 Nudeln abgießen, Zucchinigemüse zufügen und mit restlicher Kokosmilch vermischen. Kabeljaufilets abspülen, trocken tupfen und im Bratensatz ca. 3 Minuten von jeder Seite braten. Kabeljau mit Zitronensaft ablöschen, mit Salz und Pfeffer würzen und auf Curry-Zucchini-Pasta mit Pinienkernen bestreut servieren.

Das perfekte
WW Dinner

Jonas

Charlotte

Menü

Vorspeise
Gerösteter Blumenkohl mit Pistazien

Hauptgang
Rinderfilet mit Röstkartoffeln und Bohnen

Dessert
Hasselback-Äpfel mit Zimtstreusel

Gerösteter Blumenkohl mit Pistazien

Zubereitungszeit 15 Min.   Garzeit 65 Min.

4

197 kcal | 824 kJ

Für 4 Personen

1 Blumenkohl (ca. 1 kg)
1 EL Olivenöl
3 EL Tahin (Sesampaste)
2 EL Zitronensaft
3 EL Wasser
Salz, Pfeffer
1 EL gehackte Minze
2 EL gehackte Pistazien
50 g Granatapfelkerne

1   Backofen auf 200° C (Gas: Stufe 3, Umluft: 180° C) vorheizen. Blumenkohl waschen, auf ein großes Stück Alufolie setzen, mit Öl bepinseln und Alufolie rundherum einschlagen. Blumenkohl im Backofen auf mittlerer Schiene 20–25 Minuten garen. Folie entfernen und Blumenkohl weitere ca. 40 Minuten garen.

2   Für das Dressing Tahin, Zitronensaft und Wasser verrühren und mit Salz und Pfeffer würzen. Blumenkohl mit Dressing beträufeln und mit Minze, Pistazien und Granatapfelkernen bestreuen.

Marcs Tipp

Der Blumenkohl ist eine klasse Vorspeise oder Beilage für ein leckeres Menü. Wer es gern pikanter mag, kann den Blumenkohl mit Chilipulver würzen und dann backen.

Rinderfilet mit Röstkartoffeln und Bohnen

Zubereitungszeit 25 Min.   Garzeit 55 Min.

     486 kcal | 2035 kJ

Für 4 Personen
600 g Rinderfilet
Meersalz, grober Pfeffer
1 TL geräuchertes Paprikapulver
1 TL Kümmel
800 g festkochende Kartoffeln
800 g grüne Bohnen
2 EL Olivenöl
2 EL Haselnüsse
1 unbehandelte Zitrone
1 Knoblauchzehe
1 EL gehackte Petersilie
1 EL gehobelter Parmesan

1 Rinderfilet trocken tupfen und auf ein mit Backpapier ausgelegtes Backblech legen. 1 TL Meersalz, 1/2 TL Pfeffer, Paprikapulver und Kümmel vermischen und Rinderfilet damit rundherum einreiben. Rinderfilet ca. 30 Minuten bei Zimmertemperatur ruhen lassen. Backofen auf 180° C (Gas: Stufe 2, Umluft: 160° C) vorheizen und Rinderfilet im Backofen auf mittlerer Schiene 30–35 Minuten garen.

2 Kartoffeln schälen, in 1 cm dicke Scheiben schneiden und in Salzwasser 10–12 Minuten vorgaren. Bohnen waschen, Enden abschneiden und in Salzwasser 8–10 Minuten vorgaren. Kartoffeln abgießen, auf einem mit Backpapier ausgelegten Backblech nebeneinander verteilen und mit 1 EL Öl, Salz und Pfeffer vermischen. Bohnen abgießen, auf einem weiteren mit Backpapier ausgelegten Backblech verteilen, mit restlichem Öl beträufeln und mit Salz und Pfeffer würzen.

3 Backofentemperatur auf 220° C (Gas: Stufe 4, Umluft: 200° C) erhöhen. Rinderfilet aus dem Ofen nehmen, in Alufolie wickeln und ruhen lassen. Kartoffeln im oberen Drittel und Bohnen im unteren Drittel 10–15 Minuten rösten, dabei beides gelegentlich wenden und durchrühren. Haselnüsse grob hacken, über die Bohnen streuen und weitere ca. 5 Minuten garen.

4 1 TL Zitronenschale abreiben und Zitrone in Spalten schneiden. Knoblauch pressen, mit Petersilie, Zitronenschale, Salz und Pfeffer vermischen und Röstkartoffeln unterheben. Rinderfilet in 1 cm dicke Scheiben schneiden und mit etwas Meersalz bestreuen. Bohnen mit Parmesan bestreuen und mit Rinderfilet, Röstkartoffeln und Zitronenspalten anrichten.

Hasselback-Äpfel mit Zimtstreuseln

Zubereitungszeit 20 Min.   Garzeit 45 Min.   Kühlzeit 20 Min.

6–9   238 kcal | 994 kJ

Für 4 Personen
4 säuerliche Kochäpfel
(z. B. Boskoop, à 150 g)
50 g Halbfettmargarine
2 EL brauner Zucker
1 TL Zimt
30 g Mehl
1 TL Pumpkin Spice Gewürz
40 g kernige Haferflocken
4 EL Vanillesauce (Fertigprodukt)

1 Backofen auf 200° C (Gas: Stufe 3, Umluft: 180° C) vorheizen. Äpfel waschen, halbieren und Kerngehäuse entfernen. Apfelhälften mit der Schnittfläche nach unten auf ein Küchenbrett legen und im Abstand von ca. 5 mm einschneiden. Apfelhälften mit der Schnittfläche nach unten in eine Auflaufform (ca. 20 x 30 cm) setzen.

2 15 g Margarine in einem kleinen Topf auf mittlerer Stufe schmelzen, 1 EL Zucker und 1/2 TL Zimt einrühren und Apfelhälften mit Zucker-Zimt-Mischung bestreichen. Form mit Alufolie abdecken und im Backofen auf mittlerer Schiene ca. 30 Minuten backen. Mehl, Pumpkin Spice, restliche Margarine, restlichen Zucker und Haferflocken zu Streuseln verkneten und ca. 20 Minuten kalt stellen.

3 Apfelhälften aus dem Ofen nehmen, Alufolie entfernen, Äpfel mit Streuseln bestreuen und weitere ca. 15 Minuten backen. Hasselback-Äpfel mit restlichem Zimt bestäuben und mit Vanillesauce servieren.

Lauwarmer Fenchel-Chorizo-Salat

Zubereitungszeit 15 Min.   Garzeit 10 Min.

4–5   171 kcal | 716 kJ

Für 6 Personen
300 g Karotten
1 säuerlicher Apfel (z. B. Boskoop)
150 g Pflücksalatmischung (Kühltheke)
1 EL Rapsöl
3 EL Apfelessig
2 EL Apfelmus ohne Zucker
1 EL Senf
Salz, Pfeffer
60 g Chorizo
2 Fenchelknollen
6 Scheiben Ciabatta

1 Karotten schälen. Apfel waschen, vierteln, entkernen und mit Karotten grob raspeln. Salat waschen und trocken schleudern. Für das Dressing Öl, Essig, Apfelmus und Senf verrühren und mit Salz und Pfeffer würzen.

2 Chorizo in Scheiben schneiden. Fenchel waschen, halbieren, den Strunk entfernen und Fenchel in Streifen schneiden. Eine Pfanne auf mittlerer bis hoher Stufe erhitzen und Chorizo darin rundherum ca. 3 Minuten anbraten. Fenchelstreifen zugeben und weitere 3–5 Minuten mitbraten.

3 Karotten- und Apfelraspel mit Fenchel-Chorizo-Mischung und Dressing mischen und lauwarmen Fenchel-Chorizo-Salat mit Ciabatta servieren.

Salbeilachs mit Drillingen und Broccoli

Zubereitungszeit 30 Min.   Garzeit 35 Min.

3-12   487 kcal | 2036 kJ

Für 6 Personen

1 kg Drillinge (kleine Kartoffeln)
3 EL Rapsöl
Salz, Pfeffer
600 g Lachsfilet (mit Haut)
6 Blätter Salbei
1/2 unbehandelte Zitrone
2 Knoblauchzehen
1 Broccoli
300 g Cocktailtomaten
1 rote Zwiebel
2 EL heller Balsamicoessig
2 TL Senf
1 Dose Kichererbsen
(265 g Abtropfgewicht)
2 EL geriebener Parmesan
2 EL gehackte Kräuter
(z. B. Petersilie, Thymian, Oregano)

1 Backofen auf 180° C (Gas: Stufe 2, Umluft: 160° C) vorheizen. Drillinge waschen, mit 1 EL Öl und Salz mischen, auf einem mit Backpapier ausgelegten Backblech verteilen und im Backofen auf mittlerer Schiene ca. 20 Minuten backen. Lachs abspülen, trocken tupfen, Hautseite längs einschneiden, mit Salbeiblättern füllen und mit Salz und Pfeffer würzen. 1 EL Zitronensaft auspressen und Zitronenhälfte in Scheiben schneiden. Knoblauch halbieren.

2 1 EL Öl mit Knoblauch und Zitronenscheiben in einer Pfanne auf hoher Stufe erhitzen, Lachs darin von jeder Seite ca. 1 Minute anbraten, zu den Drillingen geben und weitere ca. 15 Minuten backen.

3 Broccoli waschen, in Röschen teilen, in Salzwasser ca. 5 Minuten garen, abgießen und dabei 3 EL Kochwasser auffangen. Tomaten waschen und halbieren. Zwiebel schälen und in Streifen schneiden. Restliches Öl in einer Pfanne auf mittlerer Stufe erhitzen und Tomaten und Zwiebeln darin ca. 5 Minuten andünsten.

4 Mit Essig, Kochwasser und Zitronensaft ablöschen, Senf einrühren und mit Salz und Pfeffer abschmecken. Kichererbsen abspülen, abtropfen lassen und mit Broccoli unterrühren. Drillinge mit 1 TL Salz, Parmesan und Kräutern mischen. Salbeilachs mit Drillingen und Broccoli anrichten.

Zitronenbiskuit

Zubereitungszeit 15 Min.   Garzeit 15 Min.   Kühlzeit 20 Min.

     192 kcal | 801 kJ

Für 6 Personen

3 Eier (Größe M)
70 g Zucker
1 Prise Salz
50 g Mehl
1 EL Speisestärke
1 TL Backpulver
50 g Schlagsahne, 30 % Fett
100 g fettarmer Joghurt
250 g Magerquark
2 TL abgeriebene unbehandelte
Zitronenschale
2 Stängel Zitronenmelisse

1 Backofen auf 180° C (Gas: Stufe 2, Umluft: 160° C) vorheizen. Eier trennen. Eiklar mit 20 g Zucker und Salz steif schlagen. Eigelb mit 20 g Zucker schaumig schlagen. Mehl mit Stärke und Backpulver mischen.

2 Eischnee und Mehlmischung abwechselnd unter die Zucker-Eigelb-Masse heben. Teig in einer mit Backpapier ausgelegten Auflaufform (ca. 20 x 30 cm) verstreichen, im Backofen auf mittlerer Schiene 12–15 Minuten backen und ca. 20 Minuten auskühlen lassen.

3 Sahne steif schlagen. Joghurt, Quark, 1 TL Zitronenschale und restlichen Zucker verrühren und Sahne unterheben. Zitronencreme auf dem Biskuitboden verteilen. Zitronenmelisse waschen, trocken schütteln, hacken und mit restlicher Zitronenschale auf dem Zitronenbiskuit verteilen. Guten Appetit!

Marcs Tipp

Ein traumhaft leckeres Dessert und den Biskuit kann man super vorbereiten. Es ist ein perfekter Abschluss nach einem leckeren Menü.

Marcs
Lieblingsrezept

MENÜ

Vorspeise
Linsencremesuppe mit
Granatapfelkernen

Hauptgang
Lammlachs mit
Frühlingsgemüse

Dessert
Schoko-Baiserkuchen

Linsencremesuppe
mit Granatapfelkernen

Zubereitungszeit 15 Min.   Garzeit 20 Min.

1-5   208 kcal | 868 kJ

Für 6 Personen
300 g mehligkochende Kartoffeln
400 g Karotten
1 Stange Lauch
1 Zwiebel
1 Knoblauchzehe
2 TL Rapsöl
1 EL Tomatenmark
150 g trockene rote Linsen
650 ml Gemüsebrühe
(3 TL Instantpulver)
150 ml fettarme Milch
1 Granatapfel
Salz, Pfeffer
1 TL Kreuzkümmel
1 TL Paprikapulver

1 Kartoffeln und Karotten schälen und würfeln. Lauch waschen und in Ringe schneiden. Zwiebel schälen und mit Knoblauch fein würfeln. Öl in einem großen Topf auf mittlerer Stufe erhitzen und Kartoffeln, Karotten, Lauch, Zwiebeln und Knoblauch darin ca. 5 Minuten andünsten.

2 Tomatenmark und Linsen zugeben, ca. 1 Minute mitdünsten, mit Brühe und Milch ablöschen und mit Deckel ca. 15 Minuten köcheln lassen. Granatapfel vierteln und Kerne herauslösen. Suppe fein pürieren, mit Salz, Pfeffer, Kreuzkümmel und Paprikapulver würzen und mit Granatapfelkernen garnieren. Lecker!

Lammlachs mit Frühlingsgemüse

Zubereitungszeit 20 Min.   Garzeit 25 Min.   Marinierzeit 20 Min.

6-7   257 kcal | 1075 kJ

Für 6 Personen
6 Lammlachse (à 120 g)
2 Knoblauchzehen
1 EL gehackter Thymian
Salz, Pfeffer
2 Zucchini
1/2 Bund Frühlingszwiebeln
2 EL Olivenöl
2 TL Honig
2 EL heller Balsamicoessig
1 Msp. geriebene Muskatnuss
200 g Erbsen (TK)
150 g Baby-Blattspinat
3 EL gehackte Petersilie

1 Backofen auf 180° C (Gas: Stufe 2, Umluft: 160° C) vorheizen. Lammlachse trocken tupfen. Knoblauch pressen. Lammlachse mit Thymian, Knoblauch, Salz und Pfeffer in einen Gefrierbeutel geben, gut verkneten und im Kühlschrank ca. 20 Minuten marinieren.

2 Zucchini waschen und in Stifte schneiden. Frühlingszwiebeln waschen und in Stücke schneiden. 1 EL Öl mit Honig, Essig, Muskatnuss, Salz und Pfeffer verrühren und mit Zucchini und Frühlingszwiebeln auf einem mit Backpapier ausgelegten Backblech vermischen. Gemüse im Backofen auf mittlerer Schiene ca. 20 Minuten backen.

3 Erbsen auftauen lassen. Spinat waschen, trocken schleudern, mit Erbsen zum Gemüse aufs Blech geben, unterheben und weitere ca. 5 Minuten garen. Restliches Öl in einer Pfanne auf mittlere bis hoher Stufe erhitzen, Lammlachse darin 3–5 Minuten von jeder Seite braten und herausnehmen. Lammlachs mit Frühlingsgemüse anrichten und mit Petersilie bestreut servieren.

Cremige Ergänzung

Die leckere WW Rahmsauce ist schnell zubereitet und passt super zu Fleisch, Gemüse oder Aufläufen. Erhältlich im WW Studio oder unter wwshop.de.

Schoko-Baiserkuchen

Zubereitungszeit 25 Min.　Garzeit 60 Min.　Kühlzeit 30 Min.

6–8　　　145 kcal | 607 kJ

Für 12 Stücke

**200 g schwarze Bohnen
(Konserve)
3 Eier (Größe M)
1 TL Vanillezucker
60 g Halbfettmargarine
215 g brauner Zucker
2 EL Kakaopulver
2 EL Backpulver
1/4 TL Natron
5 Eiklar (Größe M)
1 TL Speisestärke**

1　Backofen auf 180° C (Gas: Stufe 2, Umluft: 160° C) vorheizen. Bohnen abspülen, abtropfen lassen und mit 2 Eiern und Vanillezucker fein pürieren. Margarine mit 50 g Zucker schaumig schlagen, restliches Ei unterrühren, Bohnenmasse zugeben und mit 1/2 EL Kakaopulver, Backpulver und Natron unterrühren. Teig in einen Backrahmen (ca. 20 x 20 cm) auf einem mit Backpapier ausgelegten Backblech füllen und im Backofen auf mittlerer Schiene ca. 20 Minuten backen.

2　Für das Baiser Eiklar mit restlichem Zucker steif schlagen. 1 EL Kakaopulver und Stärke darüber sieben und vorsichtig unterheben. Kuchen gleichmäßig mit Eischnee bestreichen und weitere 35–40 Minuten backen. Schoko-Baiserkuchen ca. 30 Minuten abkühlen lassen, mit restlichem Kakaopulver bestäuben und in Stücke schneiden – ein schokoladiger Genuss!

Gut kombiniert

Dazu passen frische Johannisbeeren.

Rote Bete-Salat mit Orange und Feta

Schweinebraten mit Krautsalat und Reis

Panna Cotta mit gebackenen Trauben

Rote-Bete-Salat mit Orange und Feta

Zubereitungszeit 20 Min.   Garzeit 10 Min.

     138 kcal | 576 kJ

Für 6 Personen
5 Orangen
1 EL Olivenöl
1 TL Dijon-Senf
1 TL Wasser
Salz, Pfeffer
100 g Rucola
400 g Rote Bete
(vakuumverpackt)
3 Stängel Minze
50 g Schafskäse, 25 % Fett i. Tr.

1 4 1/2 Orangen schälen und in Scheiben schneiden. Restliche Orangenhälfte auspressen. Für das Dressing Orangensaft mit Öl, Senf und Wasser verrühren und mit Salz und Pfeffer würzen.

2 Rucola waschen und trocken schleudern. Rote Bete in Scheiben schneiden, mit Orangen auf dem Rucola anrichten und mit Dressing beträufeln. Minze waschen, trocken schütteln, Blätter abzupfen und über den Salat streuen. Schafskäse darüberbröseln und mit Salz und Pfeffer würzen. Rote-Bete-Salat servieren.

Schweinebraten mit Krautsalat und Reis

Zubereitungszeit 30 Min.   Garzeit 2 Std.

13-15   514 kcal | 2152 kJ

Für 6 Personen

800 g Schweineschulter
350 ml Apfelsaft
4 Lorbeerblätter
Salz, Pfeffer
6 schwarze Pfefferkörner
1 Sternanis
2 unbehandelte Orangen
1 EL Honig
2 EL Pflaumenmus
10 getrocknete Gewürznelken
1/2 Rotkohl (ca. 350 g)
1/2 kleiner Weißkohl (ca. 600 g)
1 roter Apfel
150 g Magermilchjoghurt
1 TL Kreuzkümmel
4 EL gehackte gemischte Kräuter
(z. B. Petersilie und Minze)
500 g Express-Langkorn- & Wildreis
2 EL Mandelblättchen
100 g Granatapfelkerne

1 Schweinebraten mit Küchengarn zusammenschnüren und in einen großen Bräter legen. Mit Apfelsaft begießen, Lorbeerblätter, Salz, Pfefferkörner und Anis zufügen und mit kaltem Wasser aufgießen, bis der Braten bedeckt ist. Braten auf hoher Stufe aufkochen und auf mittlerer Stufe ca. 90 Minuten köcheln lassen, dabei regelmäßig mit Garflüssigkeit begießen. Backofen auf 200° C (Gas: Stufe 3, Umluft: 180° C) vorheizen.

2 2 TL Orangenschale abreiben und Orangen auspressen. Für die Glasur 1 TL Orangenschale mit 3 EL Orangensaft, Honig und Pflaumenmus verrühren und in einem kleinen Topf auf mittlerer Stufe ca. 5 Minuten köcheln lassen. Braten abtropfen lassen, Küchengarn und Haut entfernen und Fett einschneiden. Schweinebraten auf ein mit Backpapier ausgelegtes Backblech legen, mit etwas Glasur bestreichen, Einschnitte mit Nelken spicken und im Backofen auf mittlerer Schiene ca. 30 Minuten garen, dabei zwischendurch mit restlicher Glasur bestreichen.

3 Rotkohl und Weißkohl waschen, halbieren, Strunk entfernen und in feine Streifen schneiden. Apfel schälen, vierteln, entkernen und grob raspeln. Joghurt mit restlicher Orangenschale, 3 EL Orangensaft, 1/2 TL Kreuzkümmel, 2 EL Kräutern, Salz und Pfeffer verrühren, mit Kohl und Apfel mischen und auf einer Servierplatte anrichten.

4 Express-Reis nach Packungsanweisung garen. Mandeln fettfrei in einer Pfanne auf mittlerer Stufe 2–3 Minuten rösten. Restlichen Orangensaft mit Mandeln, Granatapfelkernen, restlichen Kräutern, Reis, Kreuzkümmel, Salz und Pfeffer vermischen. Schweinebraten in Scheiben schneiden und mit Krautsalat und Reis servieren.

Panna Cotta mit gebackenen Trauben

Zubereitungszeit 15 Min.　　Garzeit 25 Min.　　Kühlzeit 4 Std. 15 Min.

5–7　　　164 kcal | 687 kJ

Für 6 Personen
3 Blatt Gelatine
150 ml fettarme Milch
340 g griechischer Joghurt,
Natur, bis 0,2 % Fett
160 g Crème légère
2 EL Honig
1 Päckchen Vanillezucker
250 g kernlose dunkle
Weintrauben
2 EL Marsalawein
15 g Pistazien

1 Gelatine nach Packungsanweisung einweichen. Milch in einem Topf auf mittlerer Stufe erhitzen. Gelatine ausdrücken, in die warme Milch geben und unter Rühren darin auflösen. Gelatine-Milch ca. 15 Minuten abkühlen lassen.

2 Joghurt, Crème légère, Honig und Vanillezucker verrühren, Milchmischung dazugeben und glatt rühren. Creme auf 6 Schälchen (Inhalt ca. 200 ml) verteilen und ca. 4 Stunden kalt stellen.

3 Backofen auf 180° C (Gas: Stufe 2, Umluft: 160° C) vorheizen. Weintrauben waschen, halbieren, in eine Auflaufform (ca. 20 x 20 cm) geben und mit 1 EL Wein mischen. Weintrauben im Backofen auf mittlerer Schiene 20–25 Minuten backen, restlichen Wein untermischen und ca. 20 Minuten abkühlen lassen. Pistazien grob hacken, über die Panna Cotta streuen und mit gebackenen Trauben anrichten.

Vorspeise
Knoblauch-Cloud-Breads
mit Pecorino

Hauptgang
Rosenkohlpasta mit
Kürbis-Tofu-Blech

Dessert
Heidelbeer-Zitronen-Granita

Knoblauch-Cloud-Breads mit Pecorino

Zubereitungszeit 20 Min.   Garzeit 25 Min.

5–7   187 kcal | 781 kJ

Für 4 Personen
3 Eier (Größe M)
3 EL Frischkäse,
bis 5 % Fett absolut
1/2 TL Backpulver
2 TL Halbfettmargarine
1 TL Knoblauchpulver
1 TL getrockneter Oregano
1 Kugel fettreduzierter Mozzarella
40 g geriebener Pecorino
2 EL gehackte Petersilie

1 Backofen auf 160° C (Gas: Stufe 1, Umluft: 140° C) vorheizen. 2 Eier trennen und Eigelb mit Frischkäse verrühren. Eiklar mit Backpulver steif schlagen und Eigelbmischung vorsichtig unterheben. Mit einem Löffel 12 gleichmäßige Häufchen auf ein mit Backpapier ausgelegtes Backblech setzen und im Backofen auf mittlerer Schiene ca. 20 Minuten backen.

2 Margarine schmelzen und mit Knoblauchpulver und Oregano verrühren. Mozzarella trocken tupfen und in 12 Scheiben schneiden. Backofen mit Grillfunktion auf höchster Stufe vorheizen. Cloud-Breads mit Knoblauch-Margarine bestreichen, mit Mozzarella belegen und auf oberer Schiene weitere 1–2 Minuten überbacken. Pecorino und Petersilie mischen, Knoblauch-Cloud-Breads damit bestreuen und servieren.

Rosenkohlpasta
mit Kürbis-Tofu-Blech

Zubereitungszeit 25 Min.   Garzeit 35 Min.   Marinierzeit 10 Min.

10–13   526 kcal | 2200 kJ

Für 4 Personen
200 g Tofu
1 EL Sojasauce
1/2 Butternutkürbis (ca. 500 g)
3 Knoblauchzehen
2 EL Olivenöl
1 EL dunkler Balsamicoessig
1 EL gehackter Thymian
Salz, Pfeffer
400 g Rosenkohl
200 g kernlose dunkle
Weintrauben
1 EL Tahin (Sesampaste)
2 EL griechischer Joghurt,
Natur, bis 0,2 % Fett
2 EL Zitronensaft
2 EL Wasser
2 EL Kürbiskerne
200 g trockene Orecchiette
2 EL Ziegenfrischkäse,
45 % Fett i. Tr.

1   Backofen auf 200° C (Gas: Stufe 3, Umluft: 180° C) vorheizen. Tofu trocken tupfen, in Stücke schneiden, mit Sojasauce mischen und ca. 10 Minuten marinieren. Kürbis schälen, halbieren, Kerne mit einem Löffel entfernen, Kürbis in grobe Stücke schneiden und mit Tofu auf einer Hälfte eines mit Backpapier ausgelegten Backblechs verteilen. Für die Marinade Knoblauch pressen, mit Öl, Essig, Thymian, Salz und Pfeffer verrühren und die Hälfte mit Kürbis und Tofu mischen.

2   Rosenkohl putzen und halbieren. Trauben waschen, mit Rosenkohl auf der anderen Hälfte des Backblechs verteilen und mit restlicher Marinade mischen. Gemüse im Backofen auf mittlerer Schiene 30–35 Minuten backen, dabei gelegentlich durchrühren.

3   Für den Dip Tahin, Joghurt, Zitronensaft, Wasser, Salz und Pfeffer verrühren. Kürbiskerne fettfrei in einer Pfanne auf mittlerer bis hoher Stufe 2–3 Minuten rösten. Nudeln nach Packungsanweisung in Salzwasser garen, abgießen, unter die Rosenkohl-Trauben-Mischung heben und mit Ziegenkäse garnieren. Kürbis-Tofu-Blech mit Tahin-Joghurt-Dip beträufeln und mit Kürbiskernen bestreuen. Rosenkohlpasta mit Kürbis-Tofu-Blech servieren.

Heidelbeer-Zitronen-Granita

Zubereitungszeit 15 Min.   Garzeit 5 Min.   Kühlzeit 60 Min.
Gefrierzeit 6 Std.

91 kcal | 383 kJ

Für 4 Personen
4 Zweige Thymian
60 ml Wasser
60 g Zucker
1 große unbehandelte Zitrone
180 g Heidelbeeren (TK)

1 Thymian waschen und trocken schütteln. Wasser mit Zucker und Thymian in einem Topf auf mittlerer Stufe aufkochen und ca. 5 Minuten köcheln lassen. Sirup ca. 60 Minuten kalt stellen und Thymian entfernen.

2 1 TL Zitronenschale abreiben und Zitrone auspressen. Sirup, Zitronensaft und Heidelbeeren fein pürieren. Masse in einen flachen Behälter füllen und ca. 6 Stunden gefrieren lassen. Dabei alle 30–60 Minuten mit einem Schneebesen oder einer Gabel zerstoßen. Heidelbeer-Zitronen-Granita mit Zitronenschale und nach Wunsch mit Thymian garnieren und servieren.

Das Geheimrezept für mehr Wohlbefinden

Entdecke jetzt das WW **PersonalPoints™** Programm und finde deinen personalisierten Weg zu gesunden Gewohnheiten, einem aktiveren Leben und mehr Wohlbefinden.

Melde dich gleich auf WW.com an und erhalte noch heute einen Plan, der in dein Leben passt.

Register nach Alphabet

Register nach Zutaten und Stichworten

Register nach Zutaten und Stichworten

Vegan

Blumenkohl mit Pistazien, gerösteter	122
Choco-Chip-Muffins, vegane	72
Granatapfel-Eistee	87
Heidelbeer-Zitronen-Granita	158
Overnight Müsli	32

Windbeutel mit Himbeersahne	75
Ziegenkäse-Feigen-Pizza	92
Zitronen-Baiser-Tartelettes	79
Zitronenbiskuit	134

Vegetarisch

Ananas-Kokos-Drink mit Matcha	88
Apfel-Ahornsirup-Cupcakes	68
Bananen-Oats mit Brombeeren	20
Brotpudding mit Erdbeeren und Birnen	71
Curry-Dattel-Bällchen	49
Falafel mit Tahinsauce, Reis und Salat	46
French-Toast-Auflauf mit Obst	24
Gemüse-Bohnen-Eintopf	112
Hasselback-Äpfel mit Zimtstreuseln	126
Joghurt-Frühstücks-Gläser	12
Knoblauch-Cloud-Breads mit Pecorino	154
Knuspergläschen mit Balsamicobeeren	62
Kräuterbaguette mit Senfcreme	36
Linsencremesuppe mit Granatapfelkernen	138
Linsensalat mit Minze und Ziegenkäse	54
Pfannenpizza mit Mais	108
Pfannkuchen-Dippers, salzige	19
Quiche-Quartett	16
Räuchertofusalat mit Senfdressing, würziger	58
Rosenkohlpasta mit Kürbis-Tofu-Blech	157
Rote-Bete-Salat mit Orange und Feta	146
Salat-Pitas, griechische	61
Schafskäse-Tomaten-Pasta	95
Schoko-Baiserkuchen	142
Sommerrollen, fruchtige	65
Spanakopita mit grünem Gemüse, griechische	104
Spinat-Cheddar-Frittata	45
Streuselriegel mit Birne und Kirschen	76
Upside-Down-Orangenkuchen	84
Victoria-Biskuit-Törtchen	80
Waffeln mit Heidelbeeren, gebackene	28

Ziegen- & Schafskäse

Hackbällchenspieße mit Joghurt, türkische	99
Linsensalat mit Minze und Ziegenkäse	54
Rosenkohlpasta mit Kürbis-Tofu-Blech	157
Rote-Bete-Salat mit Orange und Feta	146
Salat-Pitas, griechische	61
Schafskäse-Tomaten-Pasta	95
Spanakopita mit grünem Gemüse, griechische	104
Ziegenkäse-Feigen-Pizza	92

 vegetarisch   vegan

 glutenfrei   laktosefrei   nussfrei

Die Kennzeichnung wie zum Beispiel „gluten-", „laktose-" oder „nussfrei" bei den Rezepten ist rein informativ und nicht verbindlich. Es liegt in der persönlichen Verantwortung zu prüfen, ob die verwendeten Lebensmittel die Anforderungen erfüllen.

Impressum

Herausgeber & Redaktion
WW (Deutschland) GmbH
Claudia Braun, Valerie Altmann-Gamairi

Rezepte & Realisierung
Geschmackswerk UG
Nathalie Döscher, Silke Höpker

Fotografie & Styling
Hubertus Schüler, WW International

Foto-Assistenz
Benedikt Obermeier

Foodstyling
Stefan Mungenast

Bildnachweise
WW International, Getty Images U3

Gestaltungskonzept & Grafik
Geschmackswerk UG, Petra Penker

Druck
paffrath print & medien GmbH

WW (Deutschland) GmbH
ww.com
Info-Hotline 0211-36874236
SKU: 402422
ISBN: 978-3-9822975-4-5

2. Auflage 2022
WW Logo, PersonalPoints, Points, ZeroPoint und
WW Healthy Kitchen sind eingetragene Marken von
WW International, Inc.
Das PersonalPoints System und die zugrunde liegende
Formel sind Eigentum von WW International, Inc.

Wir freuen uns auf deine Bewertung dieses Kochbuchs unter:
wwshop.de oder schicke uns eine
E-Mail an leserservice@ww.com

Zeigt uns eure Rezeptfotos!
Jetzt auf Instagram posten:
#wwkochbuch

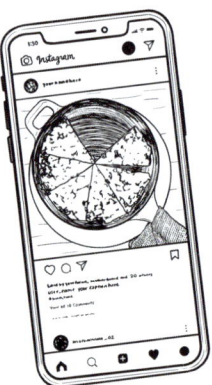